中国环境

资源审判

（2019）

中华人民共和国最高人民法院 编

人民法院出版社

图书在版编目（CIP）数据

中国环境资源审判. 2019 / 中华人民共和国最高人民法院编. --北京：人民法院出版社，2020. 9
ISBN 978-7-5109-2935-9

Ⅰ. ①中… Ⅱ. ①中… Ⅲ. ①环境保护法-审判-研究-中国-2019 Ⅳ. ①D922. 684

中国版本图书馆 CIP 数据核字（2020）第 172050 号

中国环境资源审判（2019）

中华人民共和国最高人民法院　编

责任编辑　陈晓璇
执行编辑　马　倩
出版发行　人民法院出版社
地　　址　北京市东城区东交民巷 27 号（100745）
电　　话　（010）67550526（执行编辑）　67550558（发行部查询）
　　　　　　65223677（读者服务部）
客服 QQ　2092078039
网　　址　http://www.courtbook.com.cn
E-mail　courtpress@sohu.com
印　　刷　三河市国英印务有限公司
经　　销　新华书店

开　　本　787 毫米×1092 毫米　1/16
字　　数　208 千字
印　　张　10.5
版　　次　2020 年 9 月第 1 版　2020 年 9 月第 1 次印刷
书　　号　ISBN 978-7-5109-2935-9
定　　价　50.00 元

目　录

Contents

前　言

2019年，各级人民法院认真学习习近平新时代中国特色社会主义思想，特别是习近平生态文明思想，深入贯彻党的十九大以及十九届二中、三中、四中全会精神，紧紧围绕统筹推进“五位一体”总体布局和协调推进“四个全面”战略布局，牢牢把握以人民为中心的发展思想，始终坚持以环境资源审判专门化为抓手，以推动实现国家环境治理体系和治理能力现代化为目标，以改革创新为动力，充分发挥审判职能作用，各项工作取得新发展。

依法公正审理案件，促进生态环境改善和资源高效利用。坚持罪刑法定原则，贯彻宽严相济刑事政策，加大对污染环境、破坏生态犯罪行为的惩治力度，有效威慑潜在污染者，维护国家生态环境和自然资源安全。2019年，全国法院共受理各类环境资源刑事一审案件39957件，审结36733件，判处罪犯114633人，收结案数同比2018年分别上升50.9%、43.4%。严格贯彻损害担责、全面赔偿原则，依法追究污染环境、破坏生态行为人的民事责任，促进自然资源的合理开发利用，切实保障人民群众的人身、财产和环境权益。全国法院共受理各类环境资源民事一审案件202671件，审结189120件，同比分别上升5.6%、3.5%。充分发挥行政审判预防功能，监督行政机关依法及时履行监管职责。全年受理各类环境资源行政一审案件47588件，审结42078件，同比分别上升12.7%、0.8%。

加强环境公益诉讼，维护国家利益和社会公共利益。制定出台审理生态环境损害赔偿诉讼司法解释，发布典型案例，完善审判程序，统一裁判标准。依法妥善审理社会组织、检察机关提起的环境公益诉讼和省、市地级政府及其指定的部门、机构提起的生态环境损害赔偿诉讼。坚持恢复性司法理念，探索创新审判执行方式，完善资金管理、技术辅助等各项配套保障机制，确保生态环境得到及时有效修复。2019年，全国法院共受理社会组织提起的环境民事公益诉讼案件179件、审结58件，同比分别上升175.4%、262.5%。受理检察机关提起的环境公益诉讼2309件、审结1895件，同比分别上升32.9%、51.4%，其中环境民事公益诉讼案件312件、审结248件；环境刑事附带民事公益诉讼1642件、审结1370件；环境行政公益诉讼案件355件、审结277件。受理生态环境损害赔偿案件49件、审结36件，同比分别上升145%、350%，其中生态环境损害赔偿司法确认案件28件、审结23件；生态环境损害赔偿诉讼案件21件、审结13件。

贯彻绿色发展理念，服务新时代党和国家工作大局。坚持用最严格制度最严密法治保护生态环境，综合运用刑事、民事、行政三种责任方式，助力打赢蓝天、碧水、净土三大污染防治攻坚战。坚持从生态环境整体性和系统性着眼，大力推进环境资源司法协作区建设，持续深化长江经济带司法协作机制，着手构建黄河流域司法协作机制，加强对京津冀地区、大运河文化带、粤港澳大湾区和以国家公园为主体的自然保护地等重点区域环境司法保护。践行绿水青山就是金山银山理念，统筹协调推进经济高质量发展与生态环境高水平保护，努力营造稳定、公平、透明、绿色的法治化营商环境，支持传统产业升级转型和环保节能新兴产业发展，推动形成绿色生产方式和生活方式。

坚持体制机制创新，推进环境资源审判制度体系和审判能力现代化。截至2019年底，全国共有环境资源专门审判机构1353个，其中环境资源审判庭513个（包括最高人民法院和26家高级人民法院、118家中级人民法院及368家基层人民法院），合议庭749个，人民法庭91个；共有23家高级人民法院实行环境资源民事、行政、刑事案件“二合一”或“三合一”归口审理模式。积极推进建立以流域等生态系统或者生态功能区为单位的跨行政区划集中管辖，探索跨省级行政区划集中管辖机制。坚持裁判中立的前提下，推进建立与检察机关、公安机关、行政执法部门的外部协调联动机制。充分发挥行政调解、行政裁决、人民调解等非诉讼纠纷解决机制的作用，加强司法确认等诉讼和非诉讼纠纷解决机制的衔接配合，构建多元解纷机制，形成环境保护合力。

提升司法保障水平，回应人民群众多元司法需求。加强思想政治、业务能力和廉政能力建设，树牢现代环境司法理念，打造一支高素质的环境资源审判队伍。充分发挥最高人民法院环境资源司法研究中心的作用，加强理论研究基地和实践基地建设，推动理论研究和司法实践成果的积极转化。健全司法便民利民惠民举措，依托智慧法院建设，积极畅通诉讼渠道，大力加强巡回审判，依法开展司法救助。深化公众参与，主动接受代表委员监督，通过庭审公开、发布白皮书和典型案例等多种方式推进司法公开，严格落实人民陪审员制度，最大限度保障公众知情权、参与权和监督权。深化与有关国家和国际组织的合作，拓展交流渠道，通过组织国际研讨会、参观交流、主题培训和案例比较研究等多种方式，增进相互了解，提升中国环境司法的国际影响力。

一、依法公正审理案件，促进生态环境改善和资源高效利用

（一）依法审理环境污染防治案件

依法审理向大气、水、土壤和海洋等环境介质排放有毒有害物质、其他物质及能量，损害环境介质及其生态系统服务功能以及导致个人或公众的人身健康、财产受损而产生的案件，包括环境介质污染案件、有毒有害物质污染案件、能量污染案件。注重预防优先，依法及时适用禁止令，充分发挥行政诉讼的作用，防止环境损害结果的发生和扩大。

严惩污染大气、水、土壤和海洋等环境介质的犯罪行为。全国法院共受理环境污染罪案件3500件，审结3030件。贵州省清镇市人民法院审理的田锦芳、阮正华、吴昌顺污染环境一案中，田锦芳在明知阮正华无处置危险废物资质的情况下，依然让其帮助处置固体工业废物，而吴昌顺明知固体废物污染环境，仍应阮正华的要求，将固体工业废物进行非法倾倒和处置，造成周边土壤和水体环境污染。法院经审理以污染环境罪判处田锦芳、阮正华、吴昌顺有期徒刑三年至二年不等，并适用缓刑，并处罚金5万元至2万元不等，同时，禁止田锦芳、阮正华在缓刑考验期内再从事环境保护、废旧物资回收经营的相关活动。该案的处理，既明晰了危险废物生产者和处理者的责任，体现了人民法院对于当前屡禁不止的非法处置危险废物犯罪行为从严惩处的决心

和态度，又注重适用预防原则，通过禁止令的方式禁止被告人在一定期限内继续从事相关业务，发挥了刑罚的预防和惩治功能。全面贯彻禁止从国外进口“洋垃圾”的政策，严厉打击走私废物、非法处置进口废物等相关犯罪行为。全国法院共受理走私废物罪案件287件，审结227件；受理非法处置进口的固体废物罪案件2件，审结2件。云南省西双版纳傣族自治州中级人民法院审理的田昌蓉、罗伟等18人走私废物一案中，田昌蓉等人在缅甸小勐拉设立站点收购废塑料、废金属等物品，并联系安排边民通过边境小道将废物走私运输至国内进行销售牟利。法院经审理认为，田昌蓉等人违反法律法规，逃避海关监管，将境外固体废物运输进境销售，情节特别严重，构成走私废物罪，依法应予以惩处。该案系跨越国边境走私固体废物入境案件。法院运用刑罚手段严厉打击非法走私固体废物入境行为，不仅有利于遏制此类犯罪的发生，同时也体现了我国坚持打击非法进口、处置“洋垃圾”犯罪行为的坚定决心。

*发挥环境私益诉讼作用，切实维护人民群众人身和财产权益。*全国法院共受理环境污染民事案件1976件，审结1352件。天津市津南区人民法院审理的孟德玉诉天津东南新城城市建设投资有限公司（以下简称东南新城公司）噪声污染责任纠纷一案中，孟德玉购买了东南新城公司开发建设的住宅一套，因东南新城公司设置在住宅楼下的地下供热管道及供热泵发出的噪声严重干扰了孟德玉的生活导致该案诉讼，经检测该房屋夜间室内噪声超标。法院经审理认为，根据《住宅设计规范》GB50096—1999的相关规定，水泵房、冷热源机房、变配电机房等公共用电机房不宜设置在住宅主体建筑内，且不宜设置在与住户相邻的楼层内，在无法满足上述要求而贴邻设置时，应增加隔声减震处理。因东南新城公司未能依照上述规定对公共用电机房进行隔声减

震处理，造成案涉房屋噪声排放标准高于《社会生活环境噪声排放标准》规定的排放限值，应承担噪声污染侵权责任，故判决东南新城公司在5个月的期间内对案涉供热设备及管道进行降噪改造，并赔偿孟德玉的损失。该案中，法院在认定侵权方责任的同时，考虑到改造时间及孟德玉的居住要求，限定了确切的改造期限，使裁判结果能得到更加有效的执行，为同类案件裁判提供了可资借鉴的思路。

依法审理海洋污染责任纠纷案件，切实维护国家海洋生态安全和人民群众海洋环境权益。全国法院共受理海上、通海水域污染损害责任纠纷84件，审结70件；受理船舶污染损害责任纠纷18件，审结13件。上海海事法院审理的上海晟敏海洋工程有限公司（以下简称晟敏公司）诉大连德利海运有限公司（以下简称德利海运公司）船舶污染损害责任纠纷一案中，德利海运公司的“海德油X”轮在长江口北槽航道D43灯浮附近水域与其他轮船发生碰撞，事故导致“海德油X”轮右3号货油舱破损，约77.53吨柴油泄漏入江，构成一般等级的船舶污染事故。上海海上搜救中心向晟敏公司发出搜救任务协调书，要求晟敏公司派遣附近水域待命的清污船舶到现场参与应急清污行动。晟敏公司接到指令后先后派遣3艘轮船参与清污作业。后晟敏公司与德利海运公司就案涉船舶污染事故应急清污费用未能协商解决，诉至法院。法院经审理认为，德利海运公司系漏油船“海德油X”轮的船舶所有人，应当承担因漏油导致的船舶污染损害赔偿责任。晟敏公司具备海上船舶溢油清除服务资质，并对案涉船舶漏油污染事故开展清污防污工作，产生了应急清污费用，有权要求德利海运公司承担由此产生的合理费用。该案的审理，保障了具有海上船舶溢油清除服务资质的第三方公司在应急处理因船舶碰撞、泄露等造成海洋、通海水域污染过程中的合法权益，为第三方公司参与海洋污染治理提供了司法支持。

注重发挥行政诉讼对污染环境行为的预防作用。加强对污染物排放许可、环境信息公开等案件的审判工作，督促行政机关依法履行职责，落实环境保护目标责任制。全国法院受理涉环境污染行政案件2704件，审结2340件。天津铁路运输法院一审、北京市第四中级人民法院二审审理的倪恩纯诉天津市生态环境局不履行环保行政管理职责一案中，倪恩纯在普利司通（天津）轮胎有限公司（以下简称普利司通公司）的放射性岗位工作，患多发性骨髓瘤，故起诉请求确认天津市生态环境局对普利司通公司放射性同位素、射线装置的安全和防护未履行监督管理职责行政不作为违法。法院经审理认为，作为对使用射线装置的单位具有监管职责的部门，天津市生态环境局在2009年普利司通公司申请射线装置环境影响报告的行政许可时，就应当知道该企业有安装使用射线装置的计划，对该企业应该更加予以关注、加强监管。但直至2014年，天津市生态环境局都未发现该企业射线装置未经验收即使用的事实，监督管理上存在疏漏。故认定从2009年至2013年底，天津市生态环境局存在对普利司通公司使用放射装置未履行相应的法定监督管理职责的情形。该案的裁判，对促进行政机关依法、及时、全面履行行政职责，切实维护社会公共利益和人民群众环境权益具有积极作用。

（二）依法审理生态保护案件

依法审理因破坏遗传（基因）、物种、生态系统多样性、景观多样性以及影响生态系统功能正常运行而产生的案件，包括生物多样性保护案件、景观多样性保护案件、重点生态区域保护案件和其他生态破坏案件。贯彻注重修复理念，立足不同环境要素的修复需求，探索适合生态环境保护要求的多元修复方式。

加强生物多样性司法保护。重点审理遗传（基因）多样性保护案件、物种多样性保护案件和生态系统多样性保护案件，对生物（动物、植物、微生物）以及它们所拥有的基因和生存环境进行司法保护。

依法惩治危害生物多样性犯罪行为。全国法院共受理非法猎捕、杀害珍贵、濒危野生动物罪案件677件，审结639件；受理非法收购、运输、出售珍贵、濒危野生动物及其制品罪案件1644件，审结1449件；受理非法狩猎罪案件2314件，审结2265件；受理非法采伐、毁坏国家重点保护植物罪案件865件，审结835件；受理非法收购、运输、加工、出售国家重点保护植物及其制品罪案件134件，审结133件；受理妨害动植物防疫、检疫罪案件68件，审结62件；受理非法捕捞水产品罪案件3117件，审结3050件。重庆市万州区人民法院审理的张久长非法采伐国家重点保护植物一案中，张久长先是以400元的价格购买了他人园场内的一株红豆杉，随后独自上山采挖红豆杉并雇人运回家里栽种。后又得知另一处有一株红豆杉，并独自前往采挖，在雇人运输中被查获。案涉两株红豆杉均已死亡。法院经审理认为，红豆杉系国家一级重点保护野生植物，张久长非法采伐两株野生红豆杉，构成非法采伐国家重点保护植物罪。考虑到张久长的采挖、移栽行为，相较于常见的砍伐，在主观恶性和社会危害程度上相对较小，及其到案后如实供述犯罪事实，并主动进行生态修复等因素，判处张久长有期徒刑三年，缓刑三年，并处罚金人民币二万元。该案基于文义解释、行为特征、危害后果和法益保护等方面的考量，将张久长采挖、移栽红豆杉的行为认定为采伐，其裁判对于采挖、移栽珍贵野生植物的行为定性有重要指导意义。

加强植物新品种、生物遗传资源和基因等知识产权保护。全国法院共受理植物新品种合同纠纷、植物新品种育种合同纠纷、植物新品种申请权转让合同纠纷、植物新品种实施许可合同纠纷等案件38件，审结25件。江苏省南京市中级人民法院审理的张有全、张民阁诉沛县胡寨镇农业技术推广服务中心凤杰门市部（以下简称凤杰门市部）、江苏沛星种业有限公司（以下简称沛星公司）侵害植物新品种权纠纷一案中，张有全、张民阁于2007年10月向农业部申请“临稻16”植物新品种权保护，2013年5月获得授权，该植物新品种权处于有效的法律状态。其后，张有全、张民阁发现凤杰门市部销售、沛星公司生产及销售的种子与“临稻16”植物新品种是同一品种，认为侵害了其拥有的植物新品种权益，故诉至法院。法院通过审查其委托的鉴定机构出具的报告，最终认定凤杰门市部销售、沛星公司生产及销售的种子与案涉“临稻16”植物新品种是同一品种，构成侵权，应承担赔偿责任。该案裁判强调任何单位或者个人未经品种权所有人许可，不得为商业目的生产或者销售该授权品种的繁殖材料；同时亦指出植物新品种权是一项公示的权利，作为同领域的生产经营者应当给予相应的关注，对于保护与鼓励培育使用植物新品种有积极意义。

依法监督行政机关切实履行生物多样性保护职责。全国法院共受理林业行政案件3447件，审结3157件；受理渔业行政案件344件，审结324件；受理水利行政案件722件，审结585件。湖南省岳阳市屈原管理区人民法院审理的熊利军、张前良诉岳阳县麻塘办事处（以下简称麻塘办事处）确认行政行为违法一案中，熊利军、张前良于2017年3月取得案涉林木林地承包权，并大量种植有“生态破坏者”之称的欧美黑杨。后经中央环保督查整治，2018年5月岳阳县生态环境保护委员会向麻塘办事处出具督办函，要求清除对洞庭湖区湿地生态造成破坏的欧美黑杨，并修复湿地生态。麻塘办事处在熊利军、张前良未自行清除的情况下，于2018年6月组织工作人员对两人承包范围内的杨树实施了砍伐等清除措施。熊利军、张前良诉至法院。法院经审理认为，行政机关在整治大面积种植欧美黑杨以致严重影响东洞庭湖自然保护区生态系统这一问题时，组织强制清除树木，没有提供职权依据，应认定为行政强制无职权，且违反了《中华人民共和国行政强制法》规定的法定程序，故确认行政机关的行政行为违法。该案在判决中，明确指出行政执法程序的不当之处，为改进行政机关的执法行为提供了司法指导意见。

加强景观多样性司法保护。重点审理涉自然遗迹保护、人文遗迹保护以及其他景观多样性保护案件，对一定时空范围内景观类型和景物品类数量的丰富性和美观度进行司法保护。河南省安阳市中级人民法院审理的户燕军等6人盗掘古文化遗址、古墓葬一案中，户燕军等伙同他人在全国重点文物保护单位殷墟遗址的重点保护区、一般保护区、建设控制地带内多次实施盗掘行为并获利。法院经审理认为，人文遗迹不仅属于社会公共资源，亦是环境保护不可分割的组成部分，破坏属于人文遗迹的古文化遗址和古墓葬，理应受到严惩。户燕军等人在全国重点文物保护单位殷墟遗址保护区范围内多次实施盗掘古文化遗址和古墓葬行为，构成盗掘古文化遗址、古墓葬罪，依法应当承担刑事责任。人文遗迹在科学、文化、历史、美学、教育、环境等方面具有极高的价值，一旦遭到破坏便很难恢复。该案判决体现了严厉打击相关犯罪行为的司法政策导向，对提高公众文物保护意识、震慑潜在的破坏古文化遗址和古墓葬行为具有典型意义。

加强重点生态区域司法保护。重点审理涉自然保护地、岸线区域等重点生态区域保护案件。湖南省汉寿县人民法院审理的罗圣桂、邱元妹、周应军非法捕捞水产品一案中，罗圣桂等人在2017年犯非法捕捞水产品罪被追究刑事责任后，于2019年9月20日~21日，再次在湖南西洞庭湖国家级自然保护区坡头轮渡附近水域，采取电捕鱼方式捕鱼800公斤。法院经审理认为，罗圣桂等人违反水产资源保护法规，在禁渔区、使用禁用的方法捕捞水产品，情节严重，其行为构成非法捕捞水产品罪。该案判决追究被告人的刑事责任，强化对国家级自然保护区等重点区域的司法保护，对于引导沿湖渔民的捕捞行为，有效遏制非法捕捞，保护洞庭湖乃至长江中下游流域的生态系统具有重要意义。重庆市高级人民法院审理的再审申请人丰都县三抚林场诉被申请人张理春合同纠纷一案中，张理春与丰都县三抚林场于2006年3月签订《竹笋收购资格确认合同》，约定张理春在丰都县三抚林场夹垭口管护站辖区进行间伐改造，前述区域竹林的竹笋采收独家承包给张理春。由于案涉采收竹笋的森林位于丰都县南天湖市级自然保护区内的核心区和缓冲区，合同履行过程中，丰都县三抚林场于2017年6月向张理春发出通知，主张上述合同因违反《中华人民共和国合同法》《中华人民共和国自然保护区条例》的效力性强制性规定而无效，合同不再履行。张理春起诉请求依法确认《竹笋收购资格确认合同》有效并继续履行合同。再审法院纠正了一、二审法院关于《中华人民共和国自然保护区条例》相关规定为管理性规范的认定，认为案涉合同违反了《中华人民共和国森林法》《中华人民共和国自然保护区条例》的相关禁止性规定，如认定合同有效并继续履行，将对自然环境和生态造成破坏，损害环境公共利益，驳回了当事人关于确认案涉合同有效并继续履行的诉讼请求。该案裁判明确宣示在自然保护区核心区、缓冲区内严格禁止从事任何生产经营活动的效力性强制性规定，有利于强化对自然保护区内各种原生性生态系统的保护。吉林省珲春市人民法院审理的吉林省珲春林业局诉珲春市牧业管理局（以下简称珲春牧业局）及珲春市板石镇湖龙村村民委员会（以下简称湖龙村）草原行政登记一案中，关于湖龙村在拥有草原证的情况下是否可以继续在自然保护区范围内从事牧业的问题，法院经审理认为，案涉草地已被纳入珲春东北虎国家级自然保护区范围内，根据《中华人民共和国自然保护区条例》第十八条规定，已被划为国家级自然保护区的土地，不允许作为牧业用地使用。无论珲春牧业局颁发案涉草原证是否合法，依法都应撤销。该案明确了对属于自然保护区内的林地、草原，登记确权部门不能进行承包权或经营权登记，已经登记的亦应予以撤销，展现了保护自然保护区生态环境的鲜明司法导向。

加强其他破坏生态案件的审理。依法审理因外来物种引入、地下水超采、植被破坏、乱捕滥杀、矿产开采、工程建设等行为导致环境要素、生物要素的不利改变或者生态系统功能退化的生态破坏案件。湖南省岳阳市中级人民法院审理的黄振雄诉岳阳市君山区钱粮湖镇人民政府（以下简称钱粮湖镇政府）承包合同纠纷一案中，钱粮湖镇政府与黄振雄于2013年12月订立了《采桑湖大湖经营权承包合同》，约定由黄振雄承包采桑湖大湖。承包后，黄振雄将承包的采桑湖分隔成上下两湖，分别种植莲藕和养殖螃蟹。后双方发生纠纷并于2016年11月10日签订《采桑湖大湖经营权承包合同补充协议》，协议约定黄振雄不再在采桑湖内实施任何高杆作物新增种植行为（其他影响生态环境的作物也不能种植），既往遗留的高杆作物种苗及孳生物在钱粮湖镇政府指导监督下由黄振雄负责清除。因中央、省市环保督查要求整改采桑湖生态破坏问题，2017年10月，钱粮湖镇政府向黄振雄送达解除《采桑湖经营权承包合同》及其补充协议的通知。后钱粮湖镇政府起诉要求解除合同，黄振雄反诉要求赔偿损失。法院经审理认为，关于黄振雄主张种植湖藕的损失问题，根据国家林业局发布的《湿地保护管理规定》第二十九条第六项及《湖南省湿地保护条例》第十五条的规定，湿地内不得引进外来物种。黄振雄等人未征得发包方同意通过转包方式在采桑湖内引种湖藕系违法行为，故对其要求钱粮湖镇政府予以赔偿的请求不予支持。该案明确了擅自引进外来物种，即使存在损失亦不予赔偿，彰显了保护当地生态环境平衡的环境司法理念。

（三）依法审理资源开发利用案件

依法审理在土地、矿产等各类自然资源开发利用过程中产生的，与生态环境保护和修复密切相关的案件，包括自然资源开发利用案件，侵害通风、采光、眺望、景观等环境权益案件。在注重资源权属保护与交易秩序维护的基础上，兼顾资源的合理开发利用和生态环境的有效修复。

加强自然资源开发利用案件审理，依法惩处破坏自然资源犯罪行为，保障国家资源安全。全国法院共受理非法采矿罪案件3970件，审结3271件；受理非法占用农用地罪案件6094件，审结5461件；受理滥伐林木罪案件7939件，审结7735件；受理非法收购、运输盗伐、滥伐的林木罪案件209件，审结198件。福建省闽侯县人民法院审理的福州市源顺石材有限公司、黄恒游非法占用农用地一案中，法院认为被告单位及被告人未经林业主管部门审批，擅自占用林地138.51亩，用于超范围采矿、石料加工区，构成非法占用农用地罪。鉴于黄恒游案发后积极进行矿山生态环境恢复治理，法院依法从轻处罚。该案考虑违法犯罪行为情节及事后的积极修复行为予以从轻处罚，既达到惩罚的目的，又体现了宽严相济的刑事政策和罪责刑相适应的刑法原则。

依法审理各类资源开发利用民事案件，促进资源高效利用。全国法院共受理建设用地使用权纠纷案件1103件，审结886件；受理地役权案件50件，审结43件；受理海洋开发利用案件129件，审结108件；受理取水权案件20件，审结20件；受理矿业权纠纷案件558件，审结430件；受理供用电、水、气、热力合同纠纷案件69295件，审结67492件；受理中外合作勘探开发自然资源合同纠纷9件，审结2件；受理农业、林业、渔业、牧业承包合同纠纷案件11707件，审结10708件。云南省兰坪白族普米族自治县人民法院审理的兰坪三江铜业有限责任公司（以下简称三江铜业公司）诉兰坪汇集矿业有限公司（以下简称汇集公司）财产损害赔偿纠纷一案中，汇集公司与三江铜业公司属于清水河流域上下游的两家勘采矿公司。因上游汇集公司对废渣处置不当，为泥石流灾害的发生提供了条件，造成三江铜业公司巨大的经济损失。法院经审理认为，未超出人类预防能力限度的可预防、可克服的自然灾害不属于不可抗力，由暴雨引发的损失事故并不一定构成不可抗力的免责事由，若降雨量并未超过国家要求预防的标准，则属于可预防、可控制的灾害，由此造成的损失不属于不可抗力所致。根据《兰坪县国土资源局关于上报兰坪县营盘镇清水河“6.07”泥石流灾害调查的报告》认定，此次灾害形成的因素是由于汇集公司对生产的弃渣处置不当，为泥石流灾害的发生提供了充沛的物源条件，汇集公司应对损失承担相应赔偿责任。该案在审理过程中充分考虑了生产的弃渣处置不当在引发自然灾害中的作用，同时明确了自然灾害若未超过国家要求预防的标准，则属于可预防可控制的灾害，不属于不可抗力。

妥善审理自然资源确权登记、审批等行政案件，促进健全自然资源资产产权制度。全国法院共受理涉土地行政案件29107件，审结

25945件；受理涉地矿行政案件380件，审结346件；受理涉相关资源行政案件3354件，审结2829件。北海海事法院审理的北海市乃志海洋科技有限公司（以下简称乃志公司）诉北海市海洋与渔业局（以下简称北海海洋渔业局）海洋行政处罚一案中，乃志公司在未依法取得海域使用权的情形下，对其租赁的海边空地（实为海滩涂）进行平整，并建设临时码头，形成陆域，准备建设冷冻厂。北海海洋渔业局对此作出行政处罚，责令其退还非法占用海域，恢复海域原状，并处罚款。乃志公司对此不服诉至法院。法院经审理认为，乃志公司非法占用海域，实施围海、填海活动，违反《中华人民共和国海域使用管理法》的相关规定，北海海洋渔业局作出行政处罚决定并无不当，判决驳回乃志公司的诉讼请求。随着海洋养殖业的迅速发展，一些单位和个人在未获得海域使用权的情况下，非法围海、占海甚至填海，对生态环境保护和可持续发展造成严重影响。该案的处理充分彰显了以最严格制度、最严密法治保护国家海岸线和海洋环境生态安全的决心，也发挥了环境司法对推进我国海洋强国战略的服务和保障功能。

*加强侵害环境权益案件的审理。*依法审理侵害通风、采光、眺望、景观等环境权益案件，体现了保护优先、强化传承的理念，促进代内和代际之间的环境权益平等保护。云南省昆明市盘龙区人民法院审理的孟筠、李曰福诉云南铜业房地产开发有限公司（以下简称铜业房地产公司）相邻采光、日照纠纷一案中，孟筠、李曰福诉称铜业房地产公司建设的“时代之窗”楼盘对其房屋的采光、通风、日照产生了影响。经鉴定确认，（1）“时代之窗”建设行为对鉴定对象通风无影响；（2）“时代之窗”建设行为对鉴定对象日照、采光有影响，该影响不满足《城市居住区规划设计规范》《住宅设计规范》《民用建筑设计通则》《昆明市城乡规划管理技术规定》条文要求。法院经审理认为，在

建筑物相邻关系纠纷中，判断是否构成采光、日照妨碍，应以是否违反国家有关工程建设标准为依据，故判决铜业房地产公司承担赔偿责任。该案对于采光、日照纠纷中如何认定采光、日照构成妨碍、是否违反国家有关工程建设标准、国家标准的日照时间及日照时间的缩短程度是否构成侵权等问题进行了认定，具有一定的借鉴意义。

（四）依法审理气候变化应对案件

依法审理在应对因排放温室气体、臭氧层损耗物质等直接或间接影响气候变化过程中产生的案件，包括气候变化减缓类案件和气候变化适应类案件。注重运用多种司法裁判手段，促进减缓、适应两种应对气候变化手段的落地，推动构建国家气候变化应对治理体系。

加强气候变化减缓类案件审理。通过案件审理，促使在可再生能源、能源效率、可持续交通、臭氧层消耗物质控制、土地利用变化和林业管理等领域减少或避免温室气体排放。依法打击包括走私木炭、硅砂等妨害环境资源保护的犯罪行为，或者非法生产、销售、使用、进出口消耗臭氧层物质的犯罪行为。妥善审理碳排放重点行业领域及新能源开发利用的节能减排案件，促进低碳发展。妥善审理碳汇交易纠纷，推动建设全国统一的碳排放交易市场。甘肃省兰州市中级人民法院、宁夏回族自治区银川市中级人民法院依法受理、正在审理的北京市朝阳区自然之友环境研究所（以下简称自然之友）诉国网甘肃电力公司、国网宁夏电力公司两起“弃风弃光”环境民事公益诉讼案件，自然之友认为电力公司未全额收购电网覆盖范围内风能和太阳能光伏并网发电项目的上网电量，相应所弃电量改由燃煤发电从而造成环境污染，故对电力公司提起环境民事公益诉讼。辽宁省丹东市振兴区人民法院审理的权世杰诉丹东市生态环境局生态环境管理行政处罚一案中，权世杰组织人员在文斌村从事化学品生产作业，所生产产品主要成分为一氟三氯甲烷，属于受控生产和使用的消耗臭氧层物质。经查，其未按规定申请领取生产消耗臭氧层物质配额许可证，丹东市生态环境局作出行政处罚决定，责令停止违法行为，没收用于违法生产消耗臭氧层物质的原料、违法生产的消耗臭氧层物质；拆除、销毁用于违法生产消耗臭氧层物质的设备设施等，权世杰不服诉至法院。法院经审理认为，权世杰无消耗臭氧层物质生产配额许可证从事一氟三氯甲烷的生产，违反了国务院《消耗臭氧层物质管理条例》的规定，丹东市生态环境局履行法定职责，经调查取证对其进行查处，作出的行政处罚适用法律、法规正确，符合法定程序。该案裁判展现了我国严格遵守相关国际公约，共同保护人类生存环境的决心。

加强气候变化适应类案件审理。通过案件审理，推动在发展政策、规划、计划、项目和行动中促进迅捷和长期的适应措施，增强各种能力去更好地适应气候变化。依法审理涉及建设项目环境影响评价等适应气候变化案件，妥当适用国家节能减排相关法律、法规、规章和环境标准，降低气候变化对人身、财产以及公众健康带来的各种损失和影响。海南省海口市中级人民法院审理的海南森源置业有限公司（以下简称森源公司）诉海口市人民政府（以下简称海口市政府）有偿收回国有土地使用权一案中，森源公司用地与海口市生态保护红线中生物多样性Ⅱ类红线区有重叠，并涉及水源地保护。海口市政府以促进国民经济和社会发展等公共利益需要为由，根据《中华人民共和国土地管理法》第五十八条第一款的规定，作出决定收回案涉土地使用权并给予适当补偿。森源公司不服诉至法院。法院经审理认为，案涉土地因水源保护、生态绿带控制性规划等问题不能按原用途开发，海口市政府认可案涉土地闲置有政府原因并基于公共利益需要决定有偿收回，并不违反法律的强制性、禁止性规定。该案裁判依法支持政府在促进扩大生态绿带、保障水资源保护工程、改进陆地生态系统等方面的积极作为，也体现了司法对气候变化适应有关措施的服务保障。

（五）依法审理生态环境治理与服务案件

依法审理在利用税费、配额等规制措施以及第三方治理、环境容量利用权、绿色金融等市场机制，控制生态环境退化、改善生态环境质量过程中产生的案件，包括环境污染第三方治理案件、环境资源税费案件、环境容量利用权案件和绿色金融案件。在强调通过市场机制发挥预防、减少污染以及有效修复的同时，关注公法所赋予的义务，实现环境治理目标。

依法审理第三方参与生态环境治理案件。全国法院共受理包括故意提供虚假环境影响评价文件、出具的环境影响评价文件存在重大失实等在内的提供虚假证明文件、出具证明文件重大失实犯罪案件87件，审结54件。加大行政、民事审判力度，依法审理涉及环境影响评价、环境监测、环境损害评估鉴定、生态环境监测设备及污染防治设施维护运营、生态环境修复等方面的行政、民事案件。福建省龙岩市中级人民法院审理的林海等51人诉龙岩市新罗生态环境局（以下简称新罗生态环境局）环境行政许可一案中，龙岩华厦眼科医院有限公司（以下简称龙岩眼科医院）拟选址龙岩市新罗区丰华商城1号楼一层、二层改造建设眼科医院，并委托环评机构湖南美景环保科技咨询服务有限公司（以下简称湖南美景公司）编制环境影响报告书，申请环境影响评价许可。新罗生态环境局受理并组织评审后，作出同意项目建

设的《批复》。林海等51人系丰华商城的业主或经营者，认为龙岩眼科医院在编制环境影响报告书的过程中对公众参与材料弄虚作假，新罗生态环境局对此未尽审查义务，遂向法院提起行政诉讼，请求撤销《批复》。法院经审理认为，丰华商城系以居住为主要功能，龙岩眼科医院作为建设单位在编制环境影响报告书时应依法征求丰华商城有关单位和居民的意见。新罗生态环境局在审查中既未要求龙岩眼科医院提供原始调查问卷核对，也未对审查材料中的内容尽到基本的审查注意义务，作出的《批复》主要证据不足，判决撤销《批复》。该案系对在环境影响敏感区域建设医院开展环境评价许可产生的行政争议，主要涉及环境评价公众参与和环境“邻避”敏感问题。法院审查行政机关作出行政行为的程序后，认为环境行政许可依据不足并予以撤销，不仅彰显了司法对公众环境保护的知情权、参与权、表达权和监督权的关注力度，也有效促进环境行政机关依法行政，具有很好的示范效应。北京市第一中级人民法院审理的中节能科技投资有限公司（以下简称中节能公司）诉四川省煤焦化集团有限公司（以下简称煤焦化公司）、四川省威远建业集团有限公司（以下简称建业公司）及罗淼明服务合同纠纷一案中，中节能公司与煤焦化公司于2011年～2012年期间分别签订《干熄焦项目节能服务合同》《发电项目节能服务合同》，约定中节能公司负责资金筹集、工程设计、设备采购、土建施工、设备安装及调试，为煤焦化公司建设干熄焦系统以及汽轮发电站和配套循环水站，并在合同期结束后无偿转让建设项目所有权，煤焦化公司则应依约支付节能效益分享款。建业公司、罗淼明与中节能公司签订《保证合同》，为《干熄焦项目节能服务合同》项下提供担保。节能项目竣工投产后，双方亦确认2014年4月30日为项目节能效益分享起始日，但煤焦化公司未依约付款。中节能公司诉至法院要求支付款项。

法院经审理认为，《干熄焦项目节能服务合同》《发电项目节能服务合同》合法有效，应予遵守。煤焦化公司未依约支付节能效益分享款，构成违约；且其未支付到期价款金额，已明显超出合同全部价款的五分之一，应全部支付剩余款项。中节能公司依据《保证合同》要求建业公司、罗焱明承担连带保证责任，合法有据。该案属新类型的节能服务合同纠纷。煤焦化属历史重点污染行业，在实现绿色发展中负有升级转型重任。法院依法支持合同能源管理服务方关于节能效益分享款的诉请，对于推进形成成熟、规范的合同能源管理市场，促进节能减排具有积极意义。

依法审理环境资源税费案件。辽宁省抚顺市中级人民法院审理的复议申请人抚顺市环境保护局（以下简称抚顺市环保局）与抚顺长顺电力有限公司（以下简称长顺公司）行政非诉执行一案中，经抚顺市环保局核定，长顺公司应缴纳 2017 年 1 月至 2017 年 3 月期间的排污费 346.15 万元，但截至 2018 年 3 月 14 日，该公司一直未缴纳。在抚顺市环保局作出排污费限期缴纳决定并催告后，长顺公司仍没有履行，故抚顺市环保局向法院申请强制执行。原审法院根据 2018 年 1 月 1 日起施行《中华人民共和国环境保护税法》第二十七条“自本法施行之日起，依照本法规定征收环境保护税，不再征收排污费”的规定，裁定不准予强制执行排污费限期缴纳决定。抚顺市环保局不服，申请复议。复议法院经审查认为，基于审查行政行为的合法性，实体问题适用旧法规定、程序问题适用新法规定的考虑，认定该案申请执行人抚顺市环保局根据国务院《排污费征收使用管理条例》对排污企业征收排污费属于行政法律关系中的实体问题，其追缴排污费的核算时间点为 2016 年 1 月至 2017 年 12 月，在该期间适用国务院《排污费征收使用管理条例》并不违反法律适用原则，撤销了原审法院不准予执行的裁定。该案明确《中华人民共和国环境保护税法》在新旧法律过渡期间的适用规则，肯定了行政机关追缴排污费的行为，有利于保障环境公共利益，对于同类案件具有指引性。

加强环境容量利用权和绿色金融案件的研究。认真研究用能权、用水权、排污权、碳排放权等新类型权利的性质、客体和权利义务内容，依法规范取得、使用和买卖指标的行为，推进培育和发展环境容量利用权交易市场，通过市场机制使得能源资源在全社会得到有效配置，最终实现节能减排目标。认真研究涉绿色信贷、绿色债券、绿色发展基金、绿色保险以及森林资源资产证券化产品等新类型案件的特殊法律适用问题及其规制，充分发挥金融手段及市场机制在实现绿色发展、减缓和适应气候变化中的重要作用。福建省莆田市中级人民法院推行“生态司法+绿色金融”，强化部门协作，为林区林农享受林业金融产品“福林贷”和重点生态区位商品林赎买制度提供司法保障。湖北省十堰市中级人民法院依法受理、正在审理的福建省绿家园环境友好中心诉宜城市襄大农牧有限公司、中国农业银行股份有限公司宜城市支行、湖北宜城农村商业银行股份有限公司污染环境公益诉讼一案，福建省绿家园环境友好中心主张被告中国农业银行股份有限公司宜城市支行、湖北宜城农村商业银行股份有限公司在批准给与宜城市襄大农牧有限公司建设项目贷款时未能考虑潜在的环境影响，应当承担相应的环境法律责任。该案的受理，标志着绿色金融纠纷的裁判在我国进入了实质探索阶段。

二、加强环境公益诉讼，维护国家利益和社会公共利益

（一）健全规范体系

发布司法解释。2019年6月，最高人民法院发布《关于审理生态环境损害赔偿案件的若干规定（试行）》，明确了生态环境损害赔偿诉讼案件的受理条件及其与环境民事公益诉讼的衔接等规则。2019年12月，最高人民法院与最高人民检察院共同发布《关于人民检察院提起刑事附带民事公益诉讼应否履行诉前公告程序问题的批复》，明确检察机关提起的刑事附带民事公益诉讼案件必须履行诉前公告程序。

发布典型案例。2019年3月，最高人民法院发布10个生态环境保护典型案例；6月，发布5个人民法院保障生态环境损害赔偿制度改革典型案例。各高级人民法院亦相继发布辖区内典型案例，不断细化环境资源案件裁判规则，统一裁判尺度。

开展专项调研。2019年9月、10月，围绕环境公益诉讼、生态环境损害赔偿诉讼前往甘肃和贵州开展调研；9月，参加全国政协调研组，围绕检察机关提起环境公益诉讼前往内蒙古和安徽开展调研；10月，在安徽合肥召开全国法院环境公益诉讼和生态环境损害赔偿诉讼审判工作推进会，总结回顾近年来各级人民法院开展环境公益诉讼和生态环境损害赔偿诉讼取得的成绩和存在的问题与困难，明确下一步工作重点，并就关于审理环境公益诉讼案件若干法律适用问题的会议纪要征求意见。

出台规范文件。浙江、湖北、广西等高级人民法院出台办理环境公益诉讼案件会议纪要或裁判指引，统一辖区内公益诉讼案件审判中出现的法律适用问题。天津、内蒙古、山西、黑龙江、上海、浙江、山东、青海等高级人民法院印发生态环境损害赔偿案件相关指导意见、实施细则，切实规范生态环境损害赔偿案件磋商协议司法确认和审理程序。内蒙古自治区兴安盟中级人民法院与检察分院、公安局、司法局联合出台了建立生态修复机制的相关指导意见，把恢复性司法理念贯穿于整个审判过程。

（二）依法审理案件

依法审理社会组织提起的环境民事公益诉讼。各级人民法院依法保障社会组织的环境公益诉权，有效释放社会组织维护环境公益的潜力活力。贵州省清镇市人民法院审理的中国生物多样性保护与绿色发展基金会（以下简称绿发会）诉贵州宏德置业有限公司（以下简称宏德公司）相邻通行权纠纷一案中，宏德公司把公共河道圈进高尔夫球场，侵占了公共环境、公共资源，妨碍了公众的通行、游览、观赏等享受美好环境的权益。法院组织双方调解并对和解协议进行公示后出具调解书，由宏德公司按照行政机关审批的规划进行整改，保证案涉区域成为开放的公共空间，同时邀请绿发会或第三方组织对上述整改情况进行监督。该案的审理，明确通行、游览、观赏等权益亦是公众环境权益的一部分，保护了公众享受美好生活环境的权益。浙江省杭州市中级人民法审理的绿发会诉深圳市速美环保有限公司（以下简称速美公司）、浙江淘宝网络有限公司（以下简称淘宝网）大气污染责任纠纷一案中，速美公司于 2015 年 9 月起在淘宝网销售汽车用品，主要销售可以使机动车尾气年检蒙混过关的“年检神器”产品，已售出3万余件，销售金额约为300余万元。绿发会认为，速美公司以弄虚作假方式帮助车辆规避检测，对大气污染防控工作造成严重影响，淘宝网放任此类产品在网上销售，故提起环境民事公益诉讼。法院经审理认为，速美公司宣传其产品能通过弄虚作假方式规避机动车年检，教唆或协助部分机动车主实施侵权行为，损害社会公共利益。在难以鉴定、无法对案涉大气污染损害的替代性修复成本予以判定的情况下，法院结合污染、破坏环境的范围和程度，被告因侵害行为所获利益及其过程、程度等因素，合理确定速美公司需承担的生态环境修复费用。淘宝网作为信息发布平台，不参与交易且已尽审查义务并及时采取删除措施，无需承担责任。法院依法判决速美公司在国家级媒体上向社会公众道歉，并赔偿大气污染环境修复费用等。该案判决有利于督促企业善尽环境保护法定义务和社会责任，警示信息平台服务提供商规范其行为并建立行之有效的检索及监管制度，同时在生态环境修复费用的合理确定上具有类案指导意义。

依法审理人民检察院提起的环境公益诉讼。准确把握检察机关公益诉权行使的后置性特点，依法审查民事公益诉讼尤其是刑事附带民事公益诉讼公告程序以及行政公益诉讼诉前程序的履行情况，妥善处理好适格社会组织加入诉讼、检察机关依法支持起诉、相关联民事公益诉讼与行政公益诉讼一并审理等问题。江西省上饶市中级人民法院审理的上饶市人民检察院诉张永明、毛伟明、张鹭生态破坏民事公益诉讼一案中，张永明等三被告在“巨蟒峰”上攀登时钻孔打岩钉的行为，对世界自然遗产、世界地质公园、三清山风景名胜区的核心景点“巨蟒峰”造成严重损毁，被依法追究刑事责任。上饶市人民检察院提起民事公益诉讼，要求三被告承担赔偿损失、赔礼道歉责任。法院经审理认为，巨蟒峰是国家重点保护的三清山风景名胜区核心景点，具有珍稀性、唯一性、易损性等特征，其内涵的科研价值、美学价值、观赏价值、游憩价值为人类共有，三被告的行为侵害了社会公众享有的对世界自然遗产的环境权益，且在全国范围内造成了较大的影响，故其在刑事责任之外还需承担赔偿损失、赔礼道歉的民事责任。该案系全国首例故意毁损自然遗产和名胜古迹民事公益诉讼案。江苏省南京市中级人民法院审理的泰州市人民检察院诉王小朋等59人生态破坏民事公益诉讼一案中，董瑞山等非法捕捞者于2018年上半年在长江干流水域，使用网目尺寸小于3毫米的禁用渔具非法捕捞长江鳗鱼苗并出售谋利，秦利兵在明知王小朋等人向其出售的鳗鱼苗系在长江中非法捕捞的情况下，仍多次予以收购，均被依法追究刑事责任。泰州市人民检察院提起民事公益诉讼，要求王小朋等59人承担连带赔偿责任。法院经审理认为，非法捕捞者于长江水生生物资源繁衍生殖的重要时段禁渔期内，在长江干流水域多次非法捕捞长江鳗鱼苗，妨碍鳗鱼种群繁衍并导致其他水生生物减少，造成生物多样性损害，应当承担赔偿责任。非法收购者与非法捕捞者之间形成了完整的利益链条，共同造成生态资源的损害，应当共同承担连带赔偿责任。该案是江苏环境资源审判“9+1”机制正式运行后，南京环境资源法庭立案受理、公开开庭审理并作出裁判的第一起案件，也是自2016年1月国家调整长江流域禁渔期以来，全国首例判令从捕捞、收购到贩卖长江鳗鱼苗“全链条”承担生态破坏赔偿责任的案件，充分体现了用最严格制度最严密法治保护长江生态环境的决心和力度。贵州省黎平县人民法院审理的贵州省榕江县人民检察院（以下简称榕江县检察院）诉榕江县栽麻镇人民政府（以下简称栽麻镇政府）环境保护行政管理公益诉讼一案中，榕江县的栽麻镇宰荡侗寨和归柳侗寨分别于2012年、2016年入列中国传统村落保护名录。榕江县检察院在履行公益诉讼职责中发现，由于未落实传统村落保护发展规划和控制性保护措施，导致村民乱搭乱建、违法占地、占用河道建房等问题突出，该院向栽麻镇政府发出检察建议书两个月后，宰荡、归柳两个侗寨遭受严重破坏的问题仍未能得到解决。法院经审理认为，根据《中华人民共和国环境保护法》《中华人民共和国城乡规划法》和《贵州省传统村落保护和发展条例》相关规定，栽麻镇政府对在其行政辖区被列为中国传统村落的宰荡侗寨和归柳侗寨的规划区内依法负有监管保护职责，但其未对保护区内擅自新建、改建、扩建建（构）筑物破坏村落传统格局和风貌的行为采取任何措施，致使国家利益和社会公共利益受到侵害。榕江县检察院向栽麻镇政府发出检察建议书后，栽麻镇政府仍未采取积极有效的监管措施，违法行为依然存在。法院判决确认栽麻镇政府对传统村落宰荡侗寨和归柳侗寨怠于履行监管职责的行为违法，判令其对破坏中国传统村落宰荡及归柳侗寨整体传统格局的违法行为继续履行监管职责。该案是全国首例以保护传统村落为目的的环境行政公益诉讼案件，进一步丰富了环境公益诉讼的受案范围，为传统村落的保护开辟了一条新的司法路径。海南省文昌市人民法院审理的海南省文昌市人民检察院（以下简称文昌市检察院）诉文昌市农业农村局（以下简称文昌市农业局）海洋行政公益诉讼一案中，文昌市检察院在文昌市冯家湾调查时发现海域内有大量违法定置网，向文昌市农业局发出诉前检察建议，但文昌市农业局仅以悬挂告示牌的方式要求自行拆除定置网，亦未保存相应证据，致使辖区海域的违法捕捞行为在较长一段时期内普遍存在，渔业资源未能得到及时有效的保护，社会公共利益处于持续受侵害状态。法院经审理认为，文昌市农业局对其辖区海域内的违法定置网未完全履行法定职责的行为违法。该案中，法院依法支持检察机关行使公益诉权，促使渔业监管部门、检察机关凝聚合力，为打击、遏制非法捕捞行为提供了司法支持。该案对捕捞水产品中禁渔期、禁渔区以及禁用工具或者方法的严格遵循，亦有助于海洋休养生息，恢复或者增加生物种群数量，改善海洋生态环境。

依法审理生态环境损害赔偿诉讼。准确把握生态环境损害赔偿诉讼的性质，发挥生态环境损害赔偿诉讼中诉前磋商、司法确认等制度优势，构建生态环境损害赔偿诉讼与环境公益诉讼的衔接机制，完善责任承担方式。重庆市江津区人民法院审理的重庆市九龙坡区生态环境局（以下简称九龙坡区生态环境局）与米华富等6人生态环境损害赔偿协议司法确认一案中，米华富等6人开设三处危废加工点，未办理相关环保审批手续即从事废油漆桶、废油桶等的回收、加工，在切割废桶时将桶内的残留物直接倒于加工点地面，造成土壤污染。2019年1月9日，九龙坡区生态环境局与米华富等6人签订《生态环境损害赔偿协议》，鉴于露天土壤无法修复，采取支付赔偿金的方式履行生态环境损害赔偿责任。协议签订后，九龙坡区生态环境局与米华富等6人共同向法院申请确认协议有效。法院受理后，依法审查并将协议内容向社会进行公示后，作出裁定书确认《生态环境损害赔偿协议》有效。该案赔偿义务主体均系个人，污染地点位于工业发达地区周边的农村与城乡结合部，是当下长江经济带区域内小作坊污染的典型。该案的办理，对于小作坊损害生态环境后的损害赔偿磋商工作具有借鉴意义，是“行政+司法”共同治理环境污染、加强生态修复实践探索的体现。江西省九江市中级人民法院审理的九江市人民政府诉江西正鹏环保科技有限公司（以下简称正鹏公司）、杭州连新建材有限公司（以下简称连新公司）、李德等7人生态环境损害赔偿责任一案中，正鹏公司和杭州塘栖热电有限公司等于2017年至2018年间签署合同，运输、处置多家公司生产过程中产生的污泥，收取相应的污泥处理费用。正鹏公司实际负责人李德将从多处收购来的污泥直接倾倒、与丰城市志合新材料有限公司（以下简称志合公司）合作倾倒或者交由不具有处置资质的张永良、舒正峰等人倾倒至九江市区多处地块，连新公司明知张永良从事非法转运污泥，仍放任其持有加盖公司公章的空白合同处置污泥，造成土壤、水及空气污染。法院经审理认为，正鹏公司及其实际负责人李德、志合公司负责人夏吉萍及张永良、舒正峰等人转运或者倾倒，造成环境严重污染，应承担相应生态环境损害赔偿责任。连新公司在明知的情况下，未履行监管义务，放任张永良非法倾倒污泥，应当承担连带责任。该案系在长江经济带区域内跨省倾倒工业污泥导致生态环境严重污染引发的生态环境损害赔偿案件。判决不仅明确了经营者虽没有直接实施倾倒行为，但放任他人非法处置的，应由经营者与非法处置人共同承担责任的规则；还明确了数人以分工合作的方式非法转运、倾倒污泥，在无法区分各侵权人倾倒污泥数量的情况下，应当共同承担责任的规则，有效落实最严格的生态环境保护法律制度。

（三）创新审判执行方式

注重适用预防原则。发挥环境行政公益诉讼的督促履职作用，加大裁判文书的释法析理，规范环境资源主管部门履职过程中的行政行为，促进行政机关全面、适当、及时履行相关法定职责。四川省甘孜藏族自治州中级人民法院、云南省昆明市中级人民法院依法受理的社会组织提起的因建造大坝危害珍贵濒危植物“五小叶槭”及珍贵濒危动物“绿孔雀”栖息地的环境民事公益诉讼案，将具有损害社会公共利益重大风险的行为纳入提起环境民事公益诉讼案件的受案范围。

探索实施禁止令。云南、重庆、福建、浙江、上海、贵州、河南等地法院在审理污染环境刑事案件中，对判处管制、宣告缓刑的犯罪分子，探索适用刑事禁止令，禁止其在管制执行期间、缓刑考验期限内从事排污或者处置危险废物有关的经营活动。浙江、河南等地法院研究制定民事公益诉讼适用环保禁止令的规范，依据当事人申请作出环境保护禁止令，责令污染者停止实施违法排污等违法行为。浙江省湖州市中级人民法院、丽水市中级人民法院出台《环境保护禁止令实施办法》，全年共发出环保禁止令 29 份，河南省濮阳、许昌、驻马店等地法院全年共发出环保禁止令 36 份。

创新生态修复方式。立足不同环境要素的修复需求，探索适用符合生态环境保护要求的修复方式。各地法院出台专门意见，在积极适用补种复绿、增殖放流、护林护鸟、劳务代偿、技改抵扣、分期履行等责任承担方式的基础上，继续探索形式多样的生态修复方式。甘肃、江苏等地法院将修复生态环境情况作为刑事案件量刑情节，建立刑事制裁、民事赔偿与生态补偿有机衔接的环境修复责任制度。福建省三明市中级人民法院推行“生态司法 + 修复保险”，与保险公司签订《生态环境救助保险合作协议》，以保险方式分担对生态环境损害的修复责任，将生态修复资金转入保险公司专门账户纳入承保范围。湖南省岳阳市中级人民法院审理的益阳市环境与资源保护志愿者协会与益阳市富华工程机械有限公司水污染责任民事公益诉讼一案中，法院判决益阳市富华工程机械有限公司派员履行巡河义务。北京市第四中级人民法院调解结案的自然之友诉现代汽车（中国）投资有限公司（以下简称现代汽车）大气污染环境民事公益诉讼一案中，由现代汽车出资修建充电桩从而间接实现保护大气环境的目的，进一步拓展了替代性修复方式。

建立生态修复基地。黑龙江、辽宁、江苏、上海、浙江、福建、湖南、四川、陕西、贵州、云南等多地法院通过建立碳汇教育基地、公益林、生物多样性司法保护实践基地以及生态示范园等多种方式，修复生态环境，发挥教育引导作用。陕西推行“青山＋”理念，推动设立“秦岭”“安康”司法保护基地。福建省宁德市法院推行“生态司法＋理念传播”，坚持以案释法，建立集理念传播、成果展示、法治教育、文化推广、保护体验“五大功能”于一体的生态司法教育基地。

（四）完善配套机制

探索资金管理制度。最高人民法院推动在省级层面设立公益诉讼和生态环境损害专项资金账户，从全局上统筹解决环境修复问题，确保修复费用和赔偿金专款专用。2019年，福建省高级人民法院与福建省检察院、财政厅、自然资源厅等四部门联合制定下发《福建省生态环境损害赔偿资金管理办法（试行）》，山西省高级人民法院与山西省财政厅、山西省生态环境厅、山西省人民检察院共同发布《生态环境损害赔偿资金管理办法》，湖南省发布《生态环境损害赔偿资金管理办法（试行）》，目前湖南省各市州财政部门均设立生态损害赔偿资金账户。北京市第四中级人民法院调解结案的自然之友诉现代汽车大气污染环境民事公益诉讼一案中，创新引入公益信托机制，由现代汽车向长安国际信托股份有限公司交付信托资金120万元，用于履行调解书约定的环境保护义务。

完善技术辅助制度。各地法院在破解鉴定难、鉴定贵问题中，不断创新工作机制，注重发挥专家作用，包括组建环境资源专家库或者

专家咨询委员会，从中选取专家为审判人员提供技术咨询意见，在庭审中引入专家辅助人制度，让专家直接作为人民陪审员直接参与案件审理，以及采取委托鉴定加专家辅助人的组合模式等多种方式，有效破解专业事实查明的技术藩篱。贵州贵阳、云南昆明、江苏徐州等多地法院在审判实践中探索不经过评估鉴定，直接参考专家意见并结合相关因素的基础上酌定生态环境修复费用或修复方式，有效降低了环境资源案件的诉讼成本负担，贵阳法院还探索让技术专家参与环境资源案件从立案到执行的整个过程。

打造免费公告平台。最高人民法院在人民法院公告网开通“公益诉讼案件公告”专栏，集中免费刊登全国各地法院环境民事公益诉讼案件和生态环境损害赔偿诉讼案件的受理、调解（和解）等公告。该平台已逐渐成为社会各界和人民群众查询案件情况、参与环境治理、监督审判工作的重要窗口。

三、贯彻绿色发展理念，服务新时代党和国家工作大局

（一）助力污染防治攻坚战

助力打赢蓝天保卫战。加强京津冀及周边、汾渭平原等重点区域大气污染纠纷案件的审理。2019 年 2 月，最高人民法院、最高人民检察院、公安部、司法部、生态环境部出台《关于办理环境污染刑事案件有关问题座谈会纪要》，对重污染天气预警期间，违反国家规定，超标排放二氧化硫、氮氧化物，受过行政处罚后又实施上述行为或者具

有其他严重情节的，规定可以依法追究刑事责任，进一步加大对涉大气污染环境犯罪的打击力度。针对大气具有扩散性和修复困难等特点，注重发挥行政诉讼和检察机关行政公益诉讼源头预防的作用，依法支持环境行政监管部门针对未评先建、无证排放等严重环境违法行为采取按日连续处罚等行政处罚措施，以及对造成大气污染物排放的设施、设备实施查封扣押等行政强制措施，把环境污染消灭在源头或者控制在合理范围内。妥善审理大气污染防治相关民商事案件，充分发挥市场调节机制作用，保障大气环境治理服务业的健康发展，促进污染治理设施投资、建设、运行一体化经营。

助力打赢碧水保卫战。构建科学合理的跨行政区划集中管辖区和司法协作区，加强对长江、黄河、大运河等重点水域水污染纠纷案件的审理。依法严惩向水体排放油类、酸碱液体、剧毒废液、放射性固体废物等禁止排放的污染物以及超标排放废水造成水体严重污染的犯罪行为。妥善审理因造纸、印染、化工等严重污染水体企业的关闭或者搬迁改造，以及因环境税费征收引发的行政案件，推动污染企业的达标治理或者依法退出。对于无证排放以及通过暗管、渗井、渗坑、裂隙、溶洞、灌注或者篡改、伪造监测数据等逃避监管的方式排放污染物的违法行为，探索适用能够体现惩罚性赔偿的裁判方法，引导企业积极履行生态环境保护的主体责任，自觉遵守环境保护法律法规，推动企业形成绿色生产方式。

助力打赢净土保卫战。依法严惩非法转移、倾倒、利用和处置危险废物、固体废物，导致土壤和地下水污染的环境犯罪行为，对于危险废物、固体废物的接收人、介绍人、运输人、非法处置人进行全链条打击，严格适用缓刑和免予刑事处罚，注重发挥罚金刑的惩罚与补偿作用，加大违法犯罪成本。妥善审理因拆除有色金属冶炼、石油加工、焦化、制革等污染企业，以及因处置工业废物、回收储运废弃农膜等引发的行政案件，保障土壤污染的源头预防。妥善审理土壤污染防治相关民商事案件，充分关注土壤污染历史成因复杂和修复周期长、成本高的特点，探索土壤污染民事责任主体范围、因果关系和修复标准等方面的认定规则，加大对污染土壤行为的追责力度，维护食品安全和农业可持续发展，保障美丽乡村建设。

（二）推进重点流域区域治理

加强重点流域环境司法保护。坚持理念先行。通过召开会议、下发文件等方式，指导各级人民法院既要从生态系统整体性和流域系统性着眼，加强对水环境、水生态和水资源的司法保护力度，又要结合主体功能区和生态红线制度分类施策，实现环境效益和经济效益、社会效益的多赢。同时，在积极推动构建党委领导、政府负责、区域协同、公众参与、司法保障的现代环境治理体系的同时，进一步健全环境资源案件司法协作区特别是跨省域司法协作区建设。持续深化长江经济带司法协作机制。2019 年 9 月，最高人民法院在青海西宁召开长江经济带生物多样性司法保护现状与发展专题研讨座谈会，指导长江经济带 11 +1 省市高级人民法院继续落实 2018 年签订的框架协议，进一步巩固长江经济带环境司法协作成果。各地加强合作，持续拓展协作机制，长江全流域以及重点区域的司法协作模式已经初步形成。2019 年 7 月，湖南、湖北两家高级人民法院签订《环洞庭湖环境资源审判协作框架协议》，合力为洞庭湖生态环境提供司法保护。11 月，上海、江苏、浙江、安徽等四家高级人民法院签署《长三角地区人民法院环境资源司法协作框架协议》，为构筑长三角区域环境司法一体化保

护协作机制奠定基础。12 月，四川省高级人民法院指导辖区德阳、成都、资阳、眉山、内江、自贡、泸州等七家中级人民法院签订《沱江流域七市中级人民法院环境资源审判协作框架协议》，联手为长江经济带和沱江经济带生态环境保护提供司法服务和保障。在加强司法内部协作的同时，不断完善多部门协调联动机制。湖北省高级人民法院与长江水利委员会、长江航务管理局、长航公安局共同签署《关于加强行政执法与司法审判协调联动共同推进长江生态环境保护的若干意见》。沿江各省市法院也普遍与公安机关、检察机关及生态环境、自然资源等部门建立了执法协调、信息共享、联席会议等会商对接机制。推进构建黄河流域司法协作机制。为贯彻落实习近平总书记在黄河流域生态保护和高质量发展座谈会上的重要讲话精神，2019 年 12 月最高人民法院在河南郑州召开黄河流域 9 家高级人民法院参加的环境司法保护集中调研活动，梳理总结黄河流域环境司法保护活动成果，研究部署构建黄河流域环境司法协作机制等重点工作。河南省高级人民法院起草《黄河流域河南段环境保护案件实行集中管辖的规定（试行）》，甘肃省高级人民法院出台《关于为黄河流域（甘肃段）生态保护提供高质量司法服务和保障的意见》。山东省高级人民法院出台《关于加强生态环境司法服务保障“四增四减”工作的意见》，保障沿黄地区产业结构转型升级。

加强重点区域环境司法保护。京津冀地区。认真落实以习近平同志为核心的党中央关于设立河北雄安新区、深入推进京津冀协同发展的重大决策部署，2019 年 9 月，最高人民法院发布《关于为河北雄安新区规划建设提供司法服务和保障的意见》，明确提出要建立雄安新区及周边区域、白洋淀流域环境资源案件集中管辖制度，同时完善市场化生态环境司法保护机制，为构建市场导向的绿色技术创新体系，建

立符合雄安新区功能定位和发展实际的资源环境价格机制、多样化生态补偿制度和淀区生态搬迁补偿机制提供司法支持。大运河文化带。贯彻落实习近平总书记关于建设大运河文化带特别是“保护、传承、利用”大运河的重要指示精神，最高人民法院于2019年11月在山东枣庄召开大运河沿线8家高级人民法院参加的大运河区域环境司法保护集中调研座谈会，推进建立完善规范化的内部系统协同、外部协调衔接、网络平台共享、裁判规则统一、典型案例编发、白皮书定期发布和对外交流宣传等大运河司法保护“七个一”工作机制。粤港澳大湾区。服务和保障粤港澳大湾区和深圳中国特色社会主义先行示范区国家战略部署，2019年12月，就广东省高级人民法院关于环境公益诉讼和环境资源案件集中管辖的请示作出批复，支持广东探索符合生态环境保护和地方特色的区域司法模式。海南自贸区。落实《关于〈全面推进海南法治建设支持海南全面深化改革开放的意见〉重点任务分工方案》，支持海南省高级人民法院做好环境资源案件集中管辖试点工作。海南省高级人民法院与海南省人民检察院、海南省海警局联合印发《关于办理海上案件有关问题的通知》，就海上环境资源案件的管辖、侦查、起诉、审判等问题作了细化规定。以国家公园为主体的自然保护地。认真贯彻落实中共中央办公厅、国务院办公厅《关于建立以国家公园为主体的自然保护地体系的指导意见》，2019年3月，最高人民法院赴甘肃祁连山国家公园调研，6月，参加海南大学举办的“国家公园法治保障研究”主题论坛，研究起草国家公园司法保护的相关意见。分类有序解决历史遗留问题，妥善审理自然保护地内的耕地实施退田还林还草还湖还湿，以及依法清理整治探矿采矿、水电开发、工业建设项目等因统一环境准入和退出引发的补偿纠纷案件，科学界定生态保护者与受益者权利义务，推动完善受益者付费、保护者得到合理补偿的工作机制。

（三）服务经济高质量发展

优化营商环境。充分发挥环境资源审判职能作用，努力营造稳定、公平、透明、绿色的法治化营商环境。全面贯彻损害担责原则，严惩恶意偷排、伪造数据等破坏生态环境的行为，提高企业违法排污成本，倒逼相关行业进行绿色设备、绿色生产技术改造升级，保障供给侧改革顺利进行。依法支持行政机关合法执法行为，保障权利人对行政机关怠于履行法定查处职责的诉讼主体资格，助推遵纪守法企业绿色发展，防止劣币驱逐良币现象发生。注重对企业的平等保护，引导各类资本参与环境治理投资、建设、运行，规范市场秩序，防止恶意低价中标，加快形成公开透明、规范有序的环境治理市场环境。贵州省清镇市人民法院支持当地政府组织“绿色诚信企业促进会”，促进企业自觉担负在环境治理中的主体责任。

促进绿色发展。通过司法审判支持新兴产业发展，推动传统产业智能化、清洁化改造，督促重点排污企业依法公开环境信息，完善企业生态环境保护社会责任体系，落实生产者责任延伸制度，助力构建科技含量高、资源消耗低、环境污染少的绿色产业结构。高度关注自然资源开发利用领域以及共享经济、绿色建筑、新能源、新业态等领域的新情况新问题，通过依法审理相关环境资源案件，推动构建绿色生产方式和生活方式。加强对合同能源管理、合同节水管理等节能服务业以及环境污染第三方治理合同的司法保障，培养成熟、规范的合同能源管理和环境治理市场，节约能源资源，减少污染物排放。

依法统筹推进。践行绿水青山就是金山银山理念，统筹协调推进经济高质量发展与生态环境高水平保护。坚持保护优先理念，加大预防原则的适用力度，依法及时采取行为保全措施，预防生态环境损害的发生和扩大。遵循山水林田湖草一体保护，落实以生态修复为中心的损害救济制度，统筹适用刑事、民事、行政责任，最大限度修复生态环境。在案件审理执行过程中，依据国家和省级国土空间主体功能区规划，充分考虑各类功能区的不同定位要求，实行分类施策。对于优化开发区域尤其是重点开发区域发生的环境资源纠纷，在加强生态环境和受害人保护的前提下，创新审判执行方式，充分考虑利用环境容量发展经济的需要。对于限制开发和禁止开发区域内，特别是对于重点生态功能区、生态敏感区和脆弱区等区域内开发利用自然资源引发的相关案件，将资源消耗上限、环境质量底线、生态保护红线作为重要裁量因素，用最严格制度最严密法治保护生态环境和自然资源。在前述吉林省高级人民法院审理的再审申请人湖龙村诉被申请人珲春林业局及珲春牧业局草原行政登记一案中，湖龙村虽拥有草原证，但因系在自然保护区范围内从事牧业使用，亦被依法予以撤销，切实强化对自然保护区的司法保护力度。

四、坚持体制机制创新，推进环境审判制度体系和审判能力现代化

（一）推进专门审判机构建设

高级人民法院普遍设立。全国31家高级人民法院中，已经有26家

设立了环境资源审判庭，其中，除北京、上海和湖南是在相关审判庭加挂牌子外，其余23家均为专门设立的环境资源审判机构，未设立环境资源审判庭的高级人民法院也都指定专门的合议庭负责业务指导。此外，江苏、福建、贵州、海南、甘肃等省已基本建立三级法院环境资源审判组织体系。中基层人民法院按需设立。指导各高级人民法院统筹辖区实际需要，按照内设机构改革要求，在案件数量较多、审判力量较强或是实行跨行政区划集中管辖环境资源案件的中基层人民法院设立环境资源审判庭、合议庭、巡回法庭等专门审判机构。同时，积极探索基层人民法庭绿色化，通过在基层人民法院设立专司环境资源审判的专业人民法庭，或者在相关人民法庭加挂环境资源审判法庭牌子并确定专门负责的审判团队等做法，保障环境资源案件审判的专门化。如吉林省高级人民法院在查干湖设立生态旅游法庭。加强环境资源法庭建设。最高人民法院先后于2019年1月、5月作出批复，同意在江苏省南京市中级人民法院和甘肃矿区人民法院设立南京环境资源法庭和兰州环境资源法庭，并明确跨区划管辖生态环境案件和部分自然资源案件。最高人民法院在调研、总结两家环境资源法庭工作经验的基础上，明确环境资源法庭的设置标准，指导各地结合生态环境、自然资源保护特点和审判需要，在重点地区、流域设立规范化的环境资源法庭。

（二）推进建立归口审理机制

各地法院根据本地实际，积极探索实行环境资源民事、行政、刑事案件统一归口审理，统筹适用刑事、民事、行政三种责任方式。“二合一”模式。最高人民法院环境资源审判庭在审理环境资源民事案件基础上增加审理以生态环境、自然资源、林业和草原主管部门为被告的行政案件，实行环境资源民事、行政案件“二合一”归口审理模式。广西、河南、浙江省区高级人民法院实行民事、行政案件“二合一”归口审理模式。“三合一”模式。福建、江苏、重庆等高级人民法院实行民事、行政、刑事案件“三合一”归口审理模式。截至目前，共有19家高级人民法院实行“三合一”归口审理。“四合一”模式。云南省高级人民法院、浙江省湖州市中级人民法院以及贵州省清镇市等地法院还探索实行包括执行职能在内的环境资源民事、行政、刑事、执行案件的“四合一”归口模式。加强协同审判。结合辖区内环境保护、资源利用的现实需要和环境资源案件类型、数量、特点，妥当确定环境资源专门审判机构的职责范围，将与生态环境保护密切相关、需要通过专业化审理的案件划入环境资源案件的审理范围，充分发挥其专业化研究、协调和指导作用。积极探索构建环境资源审判庭与刑事、民事、行政审判和立案执行等业务部门既分工负责，又密切合作的协同审判工作机制；探索建立集中管辖法院和非集中管辖法院协同配合的审判执行协作机制，促进集中管辖法院与非集中管辖法院审判工作的有效衔接。

（三）推进建立集中管辖机制

*以生态系统或者生态功能区为单位实行跨行政区划集中管辖。*江苏实行“9+1”模式，其中“9”是指以江苏省政府确立的生态功能区规划为基础，以生态功能区为单位，在相关基层人民法院设立9个环境资源法庭，跨行政区划受理环境资源案件；“1”是指在南京市中级人民法院设立的南京环境资源法庭，其集中管辖江苏省中级人民法院

管辖的一审环境资源案件以及不服 9 个生态功能区环境资源法庭审结案件的上诉案件。江苏已形成以江苏省高级人民法院环境资源审判庭为指导、南京环境资源法庭为核心、9 个生态功能区法庭为依托的环境资源集中管辖审判体系。甘肃省于 2017 年 9 月将矿区人民法院改建为专司环境资源审判的中级人民法院，集中管辖全省环境资源案件，同时在全省 14 家基层人民法院设立环境资源审判合议庭。2019 年 11 月，兰州环境资源法庭正式挂牌成立，负责集中审理省内环境资源公益诉讼和生态环境损害赔偿诉讼一审案件，同时，调整林区法院的设置和管辖范围，特别是祁连山林区法院集中管辖甘肃祁连山五个自然保护区内的案件，实现了全省重点林区和国家级自然保护区内案件跨行政区域全覆盖。甘肃已形成以甘肃省高级人民法院环境资源审判庭为“点”，甘肃省林区中级人民法院及所属林区基层人民法院为“线”，甘肃矿区人民法院及各市（州）府所在地基层人民法院专门合议庭为“面”的环境资源集中管辖审判体系。海南则将全省划分为四个区域，各指定一家法院集中管辖区域内环境资源案件。*实行地域管辖和重点流域区域跨行政区划集中管辖相结合。*江西在全省三级法院环境资源审判机构体系已经基本建立的基础上，着力推进建立重点流域区域管辖审判体系，在“五河一江一湖”流域和部分重点区域设立 11 个环境资源法庭，对涉流域、区域生态环境案件集中管辖，实现司法保护一体化。湖南在全省已设立湘江、洞庭湖、东江湖环境资源法庭的基础上，2019 年又新设立资水、沅水、澧水和湘中环境资源法庭，7 个专门环境资源法庭跨行政区划集中管辖流域内水污染、生物多样性保护和土壤污染等第一审环境资源案件。*以地级市为单位实行集中管辖。*浙江湖州市南太湖新区法院集中管辖湖州全市由基层人民法院管辖的环境资源一审案件。安徽省蚌埠市、河南省濮阳市等地环境资源一审案件确定由所在市的一到两家基层法院集中管辖。特定案件实行跨行政区划集中管辖。湖北、广东、河北、青海等高级人民法院及新疆维吾尔自治区高级人民法院生产建设兵团分院确定辖区内部分中级人民法院就环境民事公益诉讼案件实行跨行政区划集中管辖。天津市高级人民法院实行全市生态环境损害赔偿案件由一家中级人民法院集中管辖。云南省高级人民法院指导昆明市中级人民法院将昆明辖区内的重点环境资源案件指定到盘龙、安宁、寻甸人民法院集中管辖。跨省级行政区划集中管辖。自2017年10月26日起，北京市第四中级人民法院受理天津铁路运输法院审理的环境保护行政上诉案件，成为中国环境资源案件跨省级行政区划集中管辖制度改革的重要探索。

（四）推进建立协调联动机制

规范证据认定规则。2019年，最高人民法院与最高人民检察院、公安部、司法部、生态环境部联合发布《关于办理环境污染刑事案件有关问题座谈会纪要》，明确了环境保护主管部门及其所属监测机构在行政执法过程中收集的监测数据，在刑事诉讼中可以作为证据使用。最高人民法院发布的《关于审理生态环境损害赔偿案件的若干规定（试行）》，亦规定生态环境主管部门或者其委托的机构在行政执法中形成的事件调查报告、检验报告、检测报告、评估报告、监测数据等，经当事人质证并符合证据标准的，可以作为认定案件事实的根据，明确了行政执法材料在生态环境损害赔偿案件中的证据效力。完善司法鉴定制度。针对环境资源诉讼鉴定难、鉴定贵的问题，最高人民法院加强与生态环境部和司法部的沟通协调，推进构建科学、公平、中立的环境资源鉴定评估制度，保证鉴定机构的专业性、客观性。对司法部和生态环境部制定的《环境损害司法鉴定职业分类规定》提出修改建议，为规范环境损害司法鉴定管理工作提供依据。各地法院也在积极协调推进鉴定评估机制建设。2019年，重庆市高级人民法院会同市司法局、市生态环境局制定出台《重庆市生态环境损害赔偿鉴定评估管理办法》，推动完善生态环境司法鉴定机制，规范生态环境损害赔偿的鉴定评估工作。天津市高级人民法院与市生态环境局等14个部门会签《天津市生态环境损害鉴定评估管理办法（试行）》，明确鉴定评估工作规则。构建外部协同机制。各地法院都在积极推进建立各种形式的衔接工作机制。浙江、湖北、贵州、甘肃、宁夏高级人民法院以及云南省曲靖市中级人民法院、上海市青浦区人民法院等与人民检察院、公安机关、行政执法部门相继出台涉生态环境行政执法与司法协调联动的意见；辽宁、福建、湖北高级人民法院针对公益诉讼和生态环境损害赔偿诉讼与人民检察院、行政执法机关出台相关联动机制或管理办法；海南、宁夏高级人民法院分别就涉海案件、破坏森林资源违法犯罪行为等相关问题与人民检察院、公安机关、行政执法部门会签指导意见。福建省高级人民法院出台《关于设立福建省高级人民法院驻省河长制办公室法官工作室的意见》，将司法工作与河长制相衔接。内蒙古自治区呼伦贝尔市中级人民法院制定《呼伦贝尔市中级人民法院环境资源法律服务工作站工作方案》，在呼伦湖国家级自然保护区管理局综合执法局成立河湖保护法律服务工作站。此外，多地法院注重发挥司法建议的作用，针对环境资源案件审判执行过程中发现的问题，积极向当地政府和有关部门发出司法建议，推动提升行政执法规范化、法治化水平。

（五）推进建立多元解纷机制

推进多元共治。在加强环境资源审判工作的同时，坚持发展新时代“枫桥经验”，充分发挥行政调解、人民调解、仲裁等非诉讼纠纷解决机制的作用，加强诉讼和非诉讼纠纷解决机制的衔接配合，为环境资源纠纷的解决提供多元化的选择，形成环境资源保护合力。山东省高级人民法院与省自然资源厅、省生态环境厅联合印发《关于建立环境资源保护多元治理机制的意见》，贵州省高级人民法院与省生态环境厅联合下发《关于建立全省各级人民法院与生态环境部门衔接配合工作五项机制的意见》，贵州省清镇市人民法院在政府部门主导下，共同探索“1+5”（政府主导，企业主体、公众参与、调解先行、强化服务、司法联动）的“生态环境社会治理清镇模式”，建立起有效的环境司法与行政执法的衔接机制。开展诉前化解。注重矛盾的基层化解、就地化解，协同政府部门、动员人民群众参与环境治理。福建法院针对林权纠纷案件对接人民政府设立的林权调处机构，发挥林业主管部门专业性优势，准确认定山林四至界限，对山林权属进行诉前化解。重庆市渝北区人民法院与市环保局探索建立“10+1”环境纠纷诉前化解平台，将矛盾纠纷前移，取得较好效果。贵州省清镇市人民法院协同当地政府设立环境保护人民调解委员会，由专业的环境律师对该区域引发的环境纠纷进行诉前调解。2019年3月，该调解委员会成功调处一起涉及70余户居民的粉尘及噪声污染案件。实行司法确认。加强诉讼和非诉讼纠纷解决机制的衔接配合，对经磋商达成生态环境损害赔偿协议的，当事人可以向人民法院申请司法确认，一方当事人拒绝履行、未全部履行经司法确认的生态环境损害赔偿协议的，对方当事人可以向人民法院申请强制执行。福建省高级人民法院与福建省生态环境厅、自然资源厅、司法厅联合制定《福建省生态环境损害赔偿磋商管理办法（试行）》。山西、山东、青海等高级人民法院发布关于办理生态环境损害赔偿协议司法确认案件的相关意见，规范生态环境损害赔偿协议司法确认案件的程序。*加强诉讼调解。*区分私益诉讼与公益诉讼权益救济方式的不同特点，针对私益诉讼特别是社会影响较大的群体性案件，注重调解优先，在立案、审判、执行各阶段全程开展调解工作，有效促进矛盾纠纷化解。针对公益诉讼，在不损害国家利益和社会公共利益、遵循公开原则的前提下，适时开展调解工作。

五、提升司法保障水平，回应人民群众多元司法需求

（一）加强队伍建设

*加强思想政治建设。*始终坚持党的绝对领导，不断强化科学理论武装，严明政治纪律和政治规矩，树牢“四个意识”，坚定“四个自信”，做到“两个维护”，努力服务、保障党和国家工作大局，确保环境资源审判坚持正确的政治方向。*树立现代司法理念。*指导各级法院深入贯彻落实习近平生态文明思想，牢固树立以人民为中心的根本理念；紧紧围绕打好污染防治攻坚战的总体目标，准确把握发展与保护协同共生的辩证关系，切实强化最严格制度最严密法治的底线意识，严格遵循山水林田湖草系统保护的科学路径，不断强化生态公平、预防为主、注重修复、系统治理、严格执法的理念，推动实现人与自然

和谐共生的美丽愿景，为新时代生态文明建设提供有力司法服务和保障。加强业务能力建设。结合司法责任制改革和环境资源审判专门化要求，不断加强业务能力培训。举办全国法院环境资源审判工作培训班，邀请中外资深法官、专家学者围绕环境司法领域重要课题进行授课，培训学员150人次。举办案例大讲坛，聚焦中外环境案例研讨，合理借鉴域外环境资源理论和司法实践经验。开展第二届全国环境资源优秀裁判文书评选活动，通报表彰100篇优秀裁判文书，促进裁判文书质量提升。支持地方法院业务培训，派员为地方法院各类环境资源审判培训班授课20余人次。吉林、上海、广东、河南、湖南、甘肃、青海、重庆、贵州、内蒙古等高院相继开展省市内环境资源审判工作培训班，提升环境资源审判水平。加强廉政、作风建设。严格贯彻落实中央八项规定及其实施细则，持续整治四风问题。深入推进党风廉政和纪律作风建设，增强廉洁意识，扎紧制度篱笆，力戒形式主义、官僚主义，开展经常性纪律教育，充分发挥典型案例的教育警示作用，努力打造一支政治坚定、能力过硬、作风优良、公正廉洁的高素质环境资源审判队伍。

（二）深化理论研究

发挥中心作用。充分发挥最高人民法院环境资源司法研究中心的核心智库作用，围绕环境司法实践亟待解决的问题以及具有基础性、全局性、前瞻性的理论问题开展研究，为环境资源审判提供理论支撑。加强与中国法学会环境资源法学研究会合作，出席研究会年会并作主题发言。与清华大学环境资源与能源法研究中心等合作出版《中国环境司法发展报告（2018）》。与欧洲环保协会合作，共同编辑《生态环境损害赔偿诉讼理论分析与实务指南》等法官培训教材。加强基地建设。为加强基地研究力量，2019 年下半年完成中国人民大学司法理论研究基地 4 名研究员的增补工作。充分发挥中国人民大学、武汉大学、天津大学 3 家理论研究基地及 21 家实践基地的作用，着力搭建实践基地和司法理论研究基地间沟通的桥梁，完善理论研究和司法实践的交流机制，推动理论研究和司法实践成果的积极转化。2019 年开展环境资源司法理论研究基地与实践基地联动试点工作，3 家理论基地与河北省唐山市中级人民法院、内蒙古自治区呼伦贝尔市中级人民法院、黑龙江省林区中级人民法院等 11 家实践基地进行结对，并完成关于长江保护立法、生态环境损害赔偿诉讼相关问题研究等结对成果 10 篇。2019 年 8 月，最高人民法院在南京召开理论研究基地与实践基地联席调研会，就环境资源审判专门化实践进展、存在问题和对策建议进行座谈，汇聚各地智慧和实践经验。丰富合作形式。最高人民法院充分发挥交流挂职学者和研修学者的作用，就环境侵权案件裁判规则的类型化研究等课题开展理论与实践相结合的研究。各地法院独立或与其他部门、高校联合开展研究，江苏、广东、海南、河南、湖南、湖北、重庆、贵州等高级人民法院先后完成刑事附带环境民事公益诉讼相关问题研究、生态环境司法保护问题研究等课题。甘肃省高级人民法院与甘肃政法大学签订《合作共建“环境司法理论研究和实践基地”协议》，联合建立省内环境司法理论与实践基地。积极参与立法。最高人民法院参加全国人大及其他各部委召开的立法工作会议 20 余次，形成书面报告 20 余份，为立法、行政执法工作提供司法智慧和司法支持。积极配合全国人大做好民法典、森林法、长江保护法、固体废物防治法等立法及修订相关工作。参与其他国家部委牵头的《关于取消矿山地质环境治理恢复保证金建立矿山地质环境治理恢复基金的指导意见》

等10多件政策性文件制定。

（三）完善便民措施

畅通诉讼渠道。最高人民法院指导各级人民法院以中国移动微法院平台为支撑，积极推进全国范围内诉讼服务事项跨域远程办理、跨层级联动办理。目前，全国中基层法院已经全面实现包括环境资源案件在内的所有案件跨行政区划立案，既适应当事人多样化、个性化司法需求，又解决异地诉讼难的问题。江苏省高级人民法院为解决实行环境资源案件跨行政区划集中管辖给当事人带来的不便，规定非集中管辖法院所在地当事人提起环境资源诉讼的，均可到当地法院办理起诉手续，通过网上立案机制，将材料发送到集中管辖法院进行审核处理。最高人民法院全面推进“一站式多元解纷机制 一站式诉讼服务中心”两个一站式平台建设，积极探索在线诉讼模式，健全司法便民利民惠民举措，持续增加优质环境司法服务供给。加强巡回审判。吉林、江苏、浙江、福建、江西、广西、重庆、贵州、青海等多地法院通过设立派出法庭、巡回办案点或利用巡回审判车、船开展巡回审判，实行就地立案、开庭、调处和宣判，既方便当事人诉讼，也起到了很好的宣传效果。浙江省高级人民法院在钱塘江、大运河、千岛湖等重点流域、生态功能区设立巡回审判点；甘肃省高级人民法院在祁连山等五大国家级自然保护区设立环境资源保护巡回审判法庭；福建省宁德市两级法院推行“千里海岸线巡回审判”；重庆市高级人民法院出台《关于加强环境资源案件巡回审判工作的意见》；海南省高级人民法院在三沙群岛法院设立环境资源海上巡回法庭；广西壮族自治区高级人民法院支持南宁、贺州、桂林、河池、北海等市法院开展旅游景区巡回审判。开展司法救助。在环境资源刑事案件中，符合指定辩护人条件的，及时为被告人指定辩护人。按照《最高人民法院关于对经济确有困难的当事人提供司法救助的规定》的规定，社会组织提起环境民事公益诉讼的，可依法申请缓交案件受理费，社会组织败诉的则根据情况酌情减交，其需承担的调查取证、专家咨询、检验、鉴定等必要费用，探索酌情从其他公益诉讼案件被告承担的生态环境服务功能损失等款项中支付。在南京市中级人民法院审理的泰州市人民检察院诉王小朋等59人生态破坏民事公益诉讼案中，法院依申请为经济困难的被告提供法律援助，有效保障了被告的诉讼权利。

（四）扩大公众参与

主动接受监督。认真办理全国人大代表建议和政协委员提案，主动邀请代表委员参与环境资源审判各项工作，积极采纳代表委员提出的合理化建议推动环资审判创新发展。2019年6月，最高人民法院邀请全国人大代表、政协委员以及特约监督员、特邀咨询员共23人参加在四川成都、雅安举办的长江流域生态环境司法保护视察调研活动，并召开长江流域生态环境司法保护专题座谈会，积极听取意见和建议。此外，还邀请代表委员参加环境资源审判白皮书新闻发布会、全国法院环境资源审判培训班、黄河流域生态环境司法保护调研会，列席最高人民法院审判委员会审议生态环境损害赔偿司法解释，让代表委员能够全方位、多角度了解和监督法院工作。推进司法公开。各级人民法院严格执行公开审判制度，通过中国庭审公开网、微信公众号、微博等多种传播媒介同步直播案件庭审，对辖区内有重大影响的案件，主动邀请人大代表、政协委员以及相关企业和公众代表、学生等到庭旁听，提升审判的公开性、透明度和专业化水平。2019 年最高人民法院环境资源审判庭共召开 3 次新闻发布会，先后发布《中国环境资源审判》白皮书（2017—2018）和年度十大典型案例、生态环境损害赔偿司法解释以及环境资源审判庭成立五周年情况通报。创建“中国环境资源审判”微信公众号，自 2019 年 11 月开始到年底止，共发布 10 期，推出各类文章、信息 34 条。指导各级人民法院利用“六・五”世界环境日等重要时间节点开展集中宣传，形成集约示范效应，在“六・五”世界环境日各级人民法院共召开新闻发布会 30 余场，开展形式多样的环境司法宣传活动 200 余次，发布典型案例 220 余件，有效扩大了环境资源审判影响力。

完善程序保障。对于社会组织提起的环境民事公益诉讼案件，由人民法院依法予以公告。对于人民检察院提起的民事公益诉讼以及刑事附带民事公益诉讼，严格审查检察机关是否已履行诉前公告程序；对于未履行诉前公告程序的，向检察机关释明公告后再行提起诉讼。对于环境民事公益诉讼以及生态环境损害赔偿诉讼中当事人达成的调解协议、和解协议、磋商协议以及修复方案等及时公告，并在案件执行阶段邀请公众进行监督，最大限度保障公众的知情权、参与权和监督权。

落实陪审制度。坚持专业审判与公众参与相结合，按照《中华人民共和国人民陪审员法》的规定，在环境公益诉讼、生态环境损害赔偿诉讼以及其他社会影响重大的案件中落实七人合议制。对于专业技术性强的环境资源案件，聘请相关技术领域的专家担任陪审员，充分保障其对认定事情独立发表意见的权利和表决权，不断提升裁判的公信力。在福建省泰宁县人民法院审理的邹炳荣非法猎捕、杀害珍贵濒危野生动物刑事附带民事公益诉讼案及天津市第一中级人民法院审理的天津市蓟州区生态环境局诉李洋、郑学港生态环境损害赔偿纠纷案中，人民法院均组成“3 名审判员 +4 名人民陪审员”的 7 人合议庭进行审理。

（五）推进国际合作

持续深化合作。联合国环境规划署数据库建立专门的中国环境司法裁判板块，首批 10 件中国环境资源典型案例判决书（英文版）和 2016 年、2017 年所发布《中国环境资源审判》白皮书（英文版）于 2019 年 3 月进入数据库并在联合国环境署官网发布，成为世界各国共享中国环境司法案例、了解中国环境司法成就的重要窗口。2019 年 4 月 22 日，中华人民共和国首席大法官、最高人民法院院长周强会见联合国助理秘书长、环境规划署代理执行主任乔伊斯·姆苏亚一行，双方就进一步落实《中华人民共和国最高人民法院与联合国环境规划署合作谅解备忘录》约定的合作事项进行会商，确定在《生物多样性公约》缔约方大会期间联合举办环境司法边会等多个合作项目。乔伊斯·姆苏亚女士于 2019 年 5 月为全国法院环境资源法官培训班的案例研讨活动致辞，还于 6 月到浙江省安吉县法院环境资源法庭实地考察并旁听一起案件审理。10 月，最高人民法院派员参加生态环境部—联合国环境署第十二次年度磋商会议，对进一步拓展环境司法领域的合作提出建议。

拓展交流广度。2019 年 9 月 19 ~ 20 日，最高人民法院、欧洲环保协会和中国法学会环境资源法学研究会在北京合作举办“新时代绿色丝绸之路”环境司法国际研讨会，联合国环境署法律和公约司司长伊丽莎白·穆雷玛女士出席开幕式并发表主旨演讲，来自东非法院、波

斯尼亚和黑塞哥维那、乌克兰、缅甸、泰国的法官以及部分专家学者，最高人民法院环境资源审判庭和福建、河南、重庆、甘肃、贵州等法院代表共40余人参加了研讨会，与会代表围绕“一带一路”沿线国家环境司法理念与实践、生物多样性保护和司法以及气候变化应对和司法等三个分论题进行了深入研讨。9月，派员参加中法环境司法交流周并作主题发言，接待由法官、检察官、律师、公证员、教授组成的法国环境法专家代表团一行20余人，双方就中法环境资源法专业问题进行深入探讨与交流。与欧洲环保协会合作，邀请新加坡国立大学法学院、墨尔本大学法学院、宾夕法尼亚大学法学院以及英国瑞生国际律师事务所的学者和实务人士就“气候变化诉讼”开展专题讲座，邀请美国加州大学洛杉矶分校、美国马里兰大学法学院以及华盛顿特区美国环保局和环境上诉委员会的学者、实务人士在全国法院环境资源审判培训班、重庆市高级人民法院组织的全市环资审判培训班进行授课，借鉴、吸收域外相对成熟的环境司法经验和对前沿问题的研究结果，提升中国法官的专业化水平。在“请进来”的同时也积极“走出去”。选派人员赴英国进行为期两周的环境法律、科学与司法实践交流培训，考察团在牛津大学参加“环境、法律与气候变化”主题培训，并先后访问了英国环境署、欧洲环保协会伦敦总部办公室、英国最高法院等相关司法和法律服务机构，进一步拓展环境资源法官的国际视野。

参与全球治理。派员参加在肯尼亚内罗毕召开的联大“迈向《世界环境公约》”特设工作组第一次实质会议并提出建议，发出中国声音，促进形成公平合理、合作共赢的世界环境保护和可持续发展的司法解决方案。派员参加中国环境与发展国际合作委员会2019年年会及联合国世界环境日全球主场活动。

展 望

万里征程风正劲，千钧重任再扬帆。经过各级人民法院的共同努力，2019 年中国环境资源审判各项工作取得显著进展，但仍存在诸多问题，还面临不少挑战，各地环资审判工作发展不够平衡，专门机构和体制机制建设仍需进一步推进，案件裁判规则不统一的问题仍然存在，环境资源司法能力有待进一步提升。下一步，各级人民法院将继续以习近平新时代中国特色社会主义思想为指导，深入学习领会习近平生态文明思想，深入贯彻党的十九大和十九届二中、三中、四中全会精神，不忘初心，牢记使命，围绕“四梁八柱”进行环境资源审判体制机制的“精装修”，加快推进环境资源审判体系和审判能力现代化，切实履行好保障生态文明建设、促进高质量发展、建设美丽中国的职责任务，努力为全面建成小康社会和“十三五”规划圆满收官提供有力司法服务，为实现“两个一百年”奋斗目标、实现中华民族伟大复兴的中国梦作出新的更大贡献！

附录一

2019 年各级人民法院受理、审结环境资源类一审案件情况

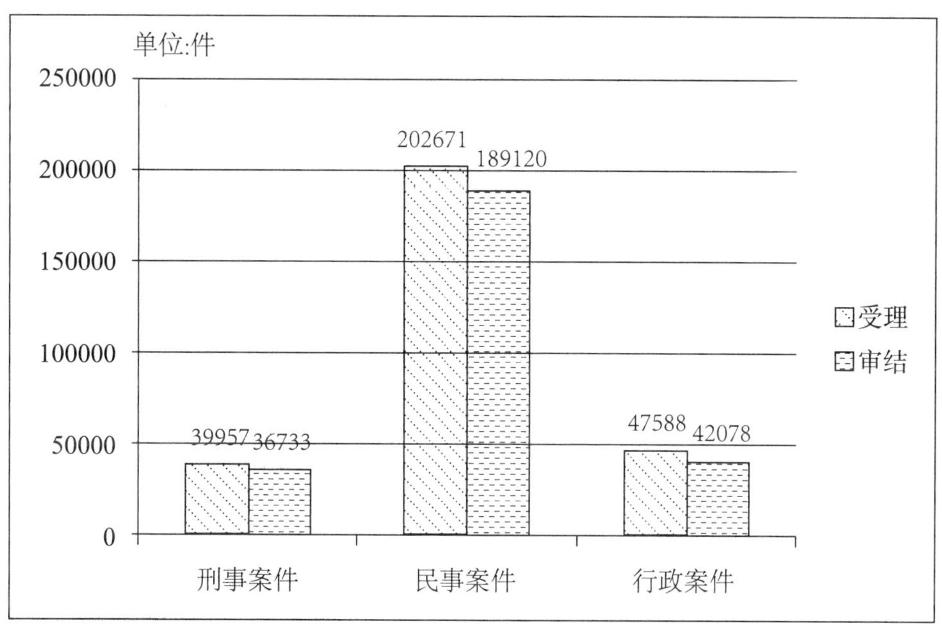

附录二

全国法院环境资源审判机构建设情况

表一　全国法院环境资源审判机构建设情况汇总表（共 1353 个）

法院	审判庭(个)	合议庭(团队)(个)	人民法庭(巡回法庭)(个)
北京法院	2	20	0
天津法院	0	5	0
河北法院	17	47	0
山西法院	2	10	0
内蒙古法院	6	50	3
辽宁法院	3	4	0
吉林法院	10	82	1
黑龙江法院	0	6	0
上海法院	6	13	0
江苏法院	19	24	1
浙江法院	14	24	0
安徽法院	72	53	3
福建法院	77	0	0
江西法院	92	26	8
山东法院	4	39	8
河南法院	11	104	5
湖北法院	6	58	0
湖南法院	8	21	7
广东法院	7	32	4
广西法院	2	68	2
海南法院	7	1	7
重庆法院	11	0	0

（续上表）

法院	审判庭(个)	合议庭(团队)(个)	人民法庭(巡回法庭)(个)
四川法院	80	0	39
贵州法院	29	0	0
云南法院	12	5	0
西藏法院	0	0	0
陕西法院	7	0	0
甘肃法院	2	14	1
青海法院	3	0	1
宁夏法院	2	29	1
新疆法院	1	14	0
兵团法院	0	0	0
军事法院	0	0	0
最高人民法院	1	0	0
总计	513	749	91

表二　地方各级人民法院设置环境资源审判庭情况

法院	基层(个)	中级(个)	高级(个)	总数(个)
北京法院	1	0	1	2
天津法院	0	0	0	0
河北法院	9	7	1	17
山西法院	0	1	1	2
内蒙古法院	1	4	1	6
辽宁法院	1	1	1	3
吉林法院	7	2	1	10
黑龙江法院	0	0	0	0
上海法院	4	1	1	6
江苏法院	9	9	1	19

（续上表）

法院	基层(个)	中级(个)	高级(个)	总数(个)
浙江法院	10	3	1	14
安徽法院	70	2	0	72
福建法院	66	10	1	77
江西法院	87	4	1	92
山东法院	0	3	1	4
河南法院	0	10	1	11
湖北法院	0	5	1	6
湖南法院	3	4	1	8
广东法院	2	4	1	7
广西法院	1	0	1	2
海南法院	2	4	1	7
重庆法院	5	5	1	11
四川法院	59	20	1	89
贵州法院	19	9	1	29
云南法院	5	6	1	12
西藏法院	0	0	0	0
陕西法院	4	2	1	7
甘肃法院	0	1	1	2
青海法院	1	1	1	3
宁夏法院	2	0	0	2
新疆法院	0	0	1	1
兵团法院	0	0	0	0
总计	368	118	26	512

表三　高级人民法院环境资源审判专门机构建设情况

序号	单位	机构名称	环境资源案件归口审理模式
1	北京市高级人民法院	环境资源审判庭	刑事、民事、行政案件
2	河北省高级人民法院	环境保护审判庭	刑事、民事、行政案件
3	山西省高级人民法院	环境资源审判庭	刑事、民事、行政案件
4	内蒙古自治区高级人民法院	环境资源审判庭	刑事、民事、行政案件
5	辽宁省高级人民法院	环境资源审判庭	刑事、民事、行政案件
6	吉林省高级人民法院	环境资源审判庭	刑事、民事、行政案件
7	上海市高级人民法院	环境资源审判庭	刑事、民事、行政案件
8	江苏省高级人民法院	环境资源审判庭	刑事、民事、行政案件
9	浙江省高级人民法院	环境资源审判庭	民事、行政案件
10	福建省高级人民法院	生态环境审判庭	刑事、民事、行政案件
11	江西省高级人民法院	环境资源审判庭	刑事、民事、行政案件
12	山东省高级人民法院	环境资源审判庭	民事案件
13	河南省高级人民法院	环境资源审判庭	民事、行政案件
14	湖北省高级人民法院	环境资源审判庭	刑事、民事、行政案件
15	湖南省高级人民法院	环境资源审判庭	民事案件
16	广东省高级人民法院	环境资源审判庭	民事案件
17	广西壮族自治区高级人民法院	环境资源审判庭	民事、行政案件

（续上表）

序号	单位	机构名称	环境资源案件归口审理模式
18	海南省高级人民法院	环境资源审判庭	刑事、民事、行政案件
19	重庆市高级人民法院	环境资源审判庭	刑事、民事、刑事案件
20	四川省高级人民法院	环境资源审判庭	刑事、民事、行政案件
21	贵州省高级人民法院	环境资源审判庭	刑事、民事、行政案件
22	云南省高级人民法院	环境保护审判庭	刑事、民事、行政、执行（环境民事公益诉讼）案件
23	陕西省高级人民法院	环境资源审判庭	刑事、民事、行政案件
24	甘肃省高级人民法院	环境资源保护审判庭	刑事、民事、行政案件
25	青海省高级人民法院	环境资源审判庭	刑事、民事、行政案件
26	新疆维吾尔自治区高级人民法院	环境资源审判庭	刑事、民事、行政案件

附录三

环境资源相关司法解释和规范性文件(2019)

	文件名称	文号	发布时间	施行时间
司法解释	最高人民法院、最高人民检察院、公安部、司法部、生态环境部关于办理环境污染刑事案件有关问题座谈会纪要	高检会〔2019〕3 号	2019 年 2 月 20 日	2019 年 2 月 20 日
	最高人民检察院关于审理生态环境损害赔偿案件的若干规定(试行)	法释〔2019〕8 号	2019 年 6 月 4 日	2019 年 6 月 5 日
	最高人民法院、最高人民检察院关于人民检察院提起刑事附带民事公益诉讼应否履行诉前公告程序问题的批复	法释〔2019〕18 号	2019 年 11 月 25 日	2019 年 12 月 6 日

附录四

最高人民法院发布的环境资源典型案例目录

一、环境污染刑事案件典型案例（与最高人民检察院、公安部、司法部、生态环境部共同发布，2019年2月20日）

1. 宝勋精密螺丝（浙江）有限公司及被告人黄冠群等12人污染环境案
2. 上海印达金属制品有限公司及被告人应伟达等5人污染环境案
3. 上海云瀛复合材料有限公司及被告人贡卫国等3人污染环境案
4. 贵州宏泰化工有限责任公司及被告人张正文、赵强污染环境案
5. 刘土义、黄阿添、韦世榜等17人污染环境系列案

二、生态环境保护典型案例（2019年3月2日）

1. 被告人董传桥等19人污染环境案
2. 被告人卓文走私珍贵动物案
3. 东莞市沙田镇人民政府诉李永明固体废物污染责任纠纷案
4. 韩国春诉中国石油天然气股份有限公司吉林油田分公司水污染责任纠纷案
5. 常州德科化学有限公司诉原江苏省环境保护厅、原中华人民共和国环境保护部及光大常高新环保能源（常州）有限公司环境评价许可案
6. 杨国先诉桑植县水利局行政协议及行政赔偿案

7. 江苏省人民政府诉安徽海德化工科技有限公司生态环境损害赔偿案

8. 中国生物多样性保护与绿色发展基金会诉秦皇岛方圆包装玻璃有限公司大气污染责任民事公益诉讼案

9. 铜仁市人民检察院诉贵州玉屏湘盛化工有限公司、广东韶关沃鑫贸易有限公司土壤污染责任民事公益诉讼案

10. 江苏省宿迁市宿城区人民检察院诉沭阳县农业委员会不履行林业监督管理法定职责行政公益诉讼案

三、人民法院保障生态环境损害赔偿制度改革典型案例

(2019 年 6 月 5 日)

1. 山东省生态环境厅诉山东金诚重油化工有限公司、山东弘聚新能源有限公司生态环境损害赔偿诉讼案

2. 重庆市人民政府、重庆两江志愿服务发展中心诉重庆藏金阁物业管理有限公司、重庆首旭环保科技有限公司生态环境损害赔偿诉讼案

3. 贵州省人民政府、息烽诚诚劳务有限公司、贵阳开磷化肥有限公司生态环境损害赔偿协议司法确认案

4. 绍兴市环境保护局、浙江上峰建材有限公司、诸暨市次坞镇人民政府生态环境损害赔偿协议司法确认案

5. 贵阳市生态环境局诉贵州省六盘水双元铝业有限责任公司、阮正华、田锦芳生态环境损害赔偿诉讼案

Foreword

In 2019, judges from people's courts at all levels conscientiously studied Xi Jinping Thought on Socialism with Chinese Characteristics for a New Era, especially Xi Jinping Thought on Ecological Civilization, and thoroughly implemented the guidelines adopted at the 19th CPC National Congress and the 2nd, 3rd and 4th Plenary Sessions of the 19th CPC Central Committee. we advanced the Five – point Strategy① and the Four – Pronged Strategy② in a coordinated and integrated manner and stayed committed to the people-centered philosophy of development. We took the specialization of environment and resources adjudication as leverage for the modernization of the national system and capacity for environmental governance. Driven by reform and innovation, we drew in the strength of adjudication to make progress in all areas.

We tried cases fairly in accordance with the law to improve the environment and promote the efficient use of resources. We adhered to the principle of "Nulla Poena Sine Lege"(which requires one cannot be punished for doing

① This refers to China's overall development plan to pursue economic, political, cultural, social and ecological progress.

② Four-pronged Strategy consists of four tasks: to complete a moderately prosperous society in all respects, to further reform, to advance the rule of law, and to strengthen Party discipline.

something that is not prohibited by law), and implemented the criminal policy of combining punishment with leniency. We introduced harsher punishment for those polluting the environment and destroying the ecosystem, which provided an effective deterrent to potential polluters, and safeguarded the security of the country's environment and natural resources. In 2019, judges across the country handled at first instance 39,957 criminal environmental cases of all types with 36,733 concluded, and handed down sentencing to 114,633 criminals. The number of cases heard and concluded increased by 50.9% and 43.4% respectively year on year. We followed the principle that polluters should be legally liable for environmental damage and shall make full compensation to parties interested. We held those who had polluted the environment and destroyed the ecosystem for civil liability in accordance with the law, promoted rational development and utilization of natural resources, and effectively protected people's personal, property and environmental rights and interests. A total of 202,671 civil environmental cases were dealt with at the first instance across the country with 189,120 concluded, up 5.6% and 3.5% respectively year on year. We gave full play to the preventive role of administrative adjudication to supervise administrative organs to perform their regulatory duties in a timely manner under the law. In 2019, 47,588 administrative environmental cases were heard at first instance, of which 42,078 cases were concluded, up 12.7% and 0.8% respectively year on year.

In the meanwhile, we strengthened environmental public interest litigation (EPIL) and safeguarded national and public interests. We developed and issued judicial interpretations for the hearing of environmental and ecological damage compensation lawsuits, released typical cases, improved trial procedures, and unified standards for adjudication. We properly dealt with the EPIL cases brought by NGOs and prosecutors, and the ecological damage compensation lawsuits brought by the provincial and municipal governments and their designated departments and institutions in accordance with the law. Guided by restorative justice, we identified creative ways to enforcement and improve funding management, technical assistance and other supporting mechanisms to ensure timely and effective environmental restoration. In 2019, courts across the country heard a total of 179 EPIL cases brought by NGOs, and concluded 58 of them, up 175. 4% and 262. 5% respectively year on year. We also heard 2, 309 EPIL cases brought by prosecutors with 1, 895 concluded, up 32. 9% and 51. 4% respectively year on year. Among all the EPIL cases lodged by prosecutors, 312 were civil EPIL cases with 248 concluded, 1, 642 were environmental criminal cases with incidental civil public interest proceedings with 1, 370 concluded, and 355 were administrative EPIL cases with 277 concluded. 49 cases concerning ecological and environmental damage were heard with 36 concluded, up 145% and 350% respectively year on year. To be more specific, 28 were judicial confirmation cases with 23 concluded, and 21 were ecological and environmental damage compensation cases with 13 concluded.

We practiced the concept of green development and continued to serve the overall work of the Party and the Country in the new era. We upheld the most stringent institutional arrangements and the strictest rule of law to protect the

environment, and applied criminal, civil and administrative remedies to win the three major battles against air, water and soil pollution. Bearing in mind the integrity and inter-connectedness of the environment, we promoted the development of judicial cooperation areas for environmental and resource protection, continuously deepened the judicial cooperation mechanism in the Yangtze River Economic Belt, and kick-started the building of a judicial cooperation mechanism in the Yellow River Basin. We also strengthened the judicial protection of the environment in key areas such as the Beijing-Tianjin-Hebei region, the Grand Canal Cultural Belt, Guangdong-Hong Kong-Macau Greater Bay Area, and nature protected areas mainly consisting of national parks. We put into practice the concept of "green is gold" and sought to balance high-quality economic development with high-level environmental protection. We strove to create a stable, fair, transparent, green and law-based business environment, support the upgrading and transformation of traditional industries and the development of emerging eco-friendly and energy-efficient industries, and promote greener ways of production and living.

We carried on with systemic and institutional innovation to modernize the system and capacity for environmental adjudication. By the end of 2019, 1,353 specialized environmental judicial organs have been set up nationwide, including 513 divisions for environment and resources (26 in high people's courts, 118 in intermediate people's courts and 368 in primary people's courts), 749 collegial benches and 91 people's tribunals. A total of 23 high people's courts adopted a "two-in-one" or "three-in-one" civil, administrative and criminal trial mode for environmental cases. We worked towards centralized jurisdiction beyond administrative divisions when it came to cases concerning river basins or ecological functional areas, and explored the mechanism of centralized cross-provincial jurisdiction. We reached out to establish coordination with prosecution, public security, and administrative law enforcement while maintaining judicial impartiality. The potential of non-litigation dispute resolution mechanisms such as administrative mediation, administrative adjudication and people's mediation, was maximized, and the coordination between litigation dispute resolution mechanisms such as judicial confirmation and the non-litigation ones was strengthened. A multiple dispute resolution mechanism was eventually put in place to form a synergy for environmental protection.

We elevated the level of judicial safeguard in response to people's diverse needs for judicial services. We strengthened the building of ideological, political, professional capacities and integrity of the judiciary. We cemented the concept of modernized environmental justice by creating a well-trained team for environment and resource adjudication. We expanded the role of the Judicial Research Center for Environment and Resources at the Supreme People's Court to consolidate the bases for theoretical research and practice, and worked to translate the results of judicial research into practices. We took measures to ensure people could access and benefit from justice, such as building smart courts to make it easier to lodge lawsuits, strengthening circuit trials, and providing legal aid in accordance with the law. Public participation was further encouraged as we subjected ourselves to the supervision of the NPC deputies and CPPCC National Committee members, and enhanced judicial transparency through open trials and issuing white papers and typical cases. We strictly implemented the system of people's assessors, and protected the public's rights to information, participation and supervision. We deepened cooperation with other countries and international organizations, expanded channels of communication, and enhanced mutual understanding by organizing international seminars, visits, exchanges, training, and comparative studies of cases. As our efforts paid off, we have seen a growing influence of China's environmental justice at the global level.

I. Fair Trial of Cases for Better Environment and Efficient Use of Resources

1. Hearing of Environmental Pollution Cases

We tried cases concerning discharges of toxic and harmful substances into air, water, soil and the ocean and other environmental media, thus damaging the environmental media and the ecosystem services. We also dealt with cases causing damage to the personal health and property of individuals or the public, including environmental pollution cases, cases concerning toxic and harmful substance, and energy contamination cases. We always prioritized prevention by issuing injunctions in time in accordance with the law, drew on the strength of administrative litigation, and prevented environmental damage from occurring and expanding.

Crimes of polluting the air, water, soil, the ocean and other environmental media were severely punished. Courts across the country heard a total of 3,500 cases of environmental pollution crimes and concluded 3,030. In the case where Tian Jinfang, Ruan Zhenghua and Wu Changshun were sued for environmental pollution, the defendant, Tian Jinfang was fully aware that Ruan Zhenghua was not qualified to dispose of hazardous waste, yet she still asked him to help handle the solid industrial waste. Wu Changshun, knowing the solid waste was highly polluting, still unlawfully dumped the solid industrial waste at the request of Ruan Zhenghua, causing damage to the soil and water. The Defendants were sentenced to imprisonment of varying 2 to 3 years, and subject to a probation order and fines ranging from 50,000 yuan to 20,000 yuan. Tian Jinfang and Ruan Zhenghua were prohibited from engaging in activities related to environmental protection and waste materials recycling during the probation period. The handling of the case has not only clarified the liability of the producers and handlers of hazardous waste, speaks volume about the commitment of the people's court to severely punish the crime of unlawful disposal of hazardous waste while following the principle of prevention. The decision to forbid defendants from engaging in related business within a certain period of time under the injunction has given full play to the deterrence and punishment functions of criminal penalty. We thoroughly implemented the policy of banning the import of "foreign solid waste", and cracked down on related crimes such as waste smuggling and illegal disposal of imported waste. Courts across the country heard a total of 287 criminal cases of waste smuggling with 227 concluded, and heard and concluded 2 criminal cases of illegal disposal of imported solid waste. In the case of waste smuggling by 18 people, including Tian Changrong and Luo Wei, before the Intermediate People's Court of Xishuangbanna Dai Autonomous Prefecture , Yunnan Province, Tian Changrong and others set up a station in Xiaomengla, Myanmar, to purchase plastic waste , scrap metal, etc, and arranged for people living on the border to smuggle waste into the country through a hidden path to make a profit. The court held that Tian Changrong and others violated the law by circumventing the customs supervision, transporting overseas solid waste into the country and selling it. The offence was particularly serious and constituted the punishable crime of smuggling waste. The case is concerned with smuggling solid waste into the country across the border. The court resorted to penalty to severely crack down on illegal smuggling of solid waste into the country, which has not only deterred the potential offenders but also demonstrated China's commitment to combating the crime of illegal import and disposal of "foreign waste".

We also tapped into the potential of environmental private interest litigation in safeguarding people's personal and property rights and interests. Courts across the country heard a total of 1, 976 civil environmental cases and concluded 1, 352 of them. In the case of Meng Deyu v. Tianjin Dongnan Xincheng City Construction Investment Co. , Ltd. (hereinafter referred to as Dongnan Xincheng) , Meng Deyu purchased a residential unit developed and built by Dongnan Xincheng. Meng later took the company to court on the grounds that his home life was seriously affected by the noise generated from the heating pipes and pumps set up below the apartment building by the company and the testing result showed that the level of the indoor noise exceeded the standard at night. Jinnan District People's Court held that, under the Norm for Residential Design GB50096—1999, public electrical rooms such as water pump room, cooling and heating equipment room, transformer and distribution room, etc., should not be built in the main building of the residence, nor should them be set up in the floor adjacent to the residents. When the above requirements cannot be met, measures should be taken to reduce and eliminate the noise. As the Defendant failed to take any measures as required by the Norm to block the noise from the public electricity room, leading the level of noise to go beyond the limit stipulated in the "Community Noise Emission Standard". Therefore, the Defendant should bear the tort liability for noise pollution and was ordered to take measures to reduce the noises from the heating equipment and pipes involved in the case within a period of 5 months, and compensate Meng Deyu for the loss. In this case, in determining the liability of the Defendant, the court also took into account the length of time for transformation and its impact on Meng Deyu's home life. Therefore, it set a time limit for the transformation to guarantee effective and speedy implementation of the judgment. It has set a precedent for similar cases.

We heard disputes over marine pollution in accordance with the law, and safeguarded the national marine security and protected the marine environment in the public interest. Courts across the country heard a total of 84 disputes over pollution in the sea and waters connected to the sea with 70 concluded, and tried 18 disputes over pollution caused by vessels with 13 concluded. In the case Shanghai Shengmin Ocean Engineering Co., Ltd.

(hereinafter referred to as Shengmin Company) v. Dalian Deli Shipping Co., Ltd. (hereinafter referred to as Deli Shipping Company), which was filed with the Shanghai Maritime Court, the ship "Haide Oil X" collided with a vessel in the waters near the D43 light float in the north channel of the Yangtze Estuary, resulting in damage to its cargo tank No. 3 on the right. About 77.53 tons of diesel oil leaked into the river. The incident was categorized as a general vessel-induced pollution accident. The Shanghai Maritime Search and Rescue Center sent Shengmin Company a SAR mission letter, requiring the company to send decontamination vessels in nearby waters to perform decontamination. Shengmin Company then sent three ships over for decontamination. However Shengmin Company and Deli Shipping Company failed to reach an agreement over the fees arising from emergency decontamination, and took the matter to court. The court held that Deli Shipping Company was the owner of the ship "Hyde Oil X" that had caused oil spill accident, and thus should be liable for pollution caused by the oil spill. Shengmin Company was qualified to provide oil spill clean-up service, and did perform decontamination in the oil spill accident. It had the right to require Deli Shipping Company to bear the reasonable costs arising from the decontamination process. The ruling has protected the legitimate rights and interests of third-party companies qualified to provide marine oil spill clean-up services in the emergency response to marine pollution caused by ship collisions and leaks, and provided judicial support for third-party companies in participating in marine pollution control.

We stressed the role of administrative litigation in environmental pollution prevention. We stepped up the adjudication of cases involving pollutant discharge permits and environmental information disclosure, urged administrative organs to perform their duties in accordance with the law and implemented the accountability system to ensure the delivery of environmental targets. Courts across the country heard 2, 704 administrative cases involving environmental pollution and concluded 2, 340. In the case tried at first instance by Tianjin Railway Transport Court and at second instance by Beijing Fourth Intermediate People's Court, Ni Enchun sued Tianjin Environmental Protection Bureau for failing to perform its administrative duties. Ni was exposed to radiation when he worked for Bridgestone (Tianjin) Tire Co., Ltd. (hereinafter referred to as Bridgestone) and suffered from multiple myeloma ever since. Therefore, he brought a claim to confirm that the Tianjin Environmental Protection Bureau had failed to perform its regulatory duty to guarantee the safety of the radioisotope and radiation devices installed by Bridgestone Co., Ltd., The court held that, as the competent department responsible for supervising units that use X-ray devices, Tianjin Environmental Protection Bureau should have been aware of the enterprise 's plan to install X-ray devices, and should have strengthened the regulation over the enterprise when it applied for an administrative permits for the EIA report installing the X-ray device in 2009. However, Tianjin Environmental Protection Bureau was unaware that the enterprise was using X-ray device without getting checked till 2014. Tianjin Environmental Protection Bureau was found negligent of its duty. Therefore, it was confirmed that from 2009 to the end of 2013, Tianjin Environmental Protection Bureau failed to perform its supervisory and duties mandated by

law when it came to Bridgestone's use of radiation devices. The judgement is important in a sense that it urged the competent authorities to perform their administrative duties in a timely and integrated manner in accordance with the law, and safeguarded the public interests and their environmental rights.

2. Trial of Ecological Cases

We heard cases concerning the destruction of genetic resources, species, ecosystem diversity, landscape diversity and ecosystem services in accordance with the law. Ecological cases also include cases related to biodiversity conservation, landscape diversity conservation, key ecological area protection and ecological damage. We put into practice the notion of restoration when hearing cases. We sought for multiple restoration methods that serve the purpose of ecological protection while bearing in mind that priorities differ in restoring different environmental elements.

We strengthened the judicial protection of biodiversity. We focused on cases related to genetic diversity, species diversity, and ecosystem diversity so as to provide judicial protection of organisms (animals, plants, microorganisms) as well as their genes and habitats.

We punished biodiversity crimes in accordance with the law. Courts throughout the country heard a total of 677 cases of illegal hunting and killing of endangered wildlife with 639 concluded, 1,644 cases of illegal purchasing, transporting and trading of endangered wildlife and related products with 1, 449 concluded, 2, 314 cases of illegal hunting with 2, 265 concluded, 865 cases of illegal logging and destruction of plants under state protection with 835 concluded, 134 cases of illegally purchasing, transporting, processing and selling plants and related products under state protection with 133 concluded, 68 cases of obstructing animal and plant quarantine with 62 conclude, and 3, 117 cases of illegal fishing of aquatic products with 3050 concluded.

In the case of Zhang Jiuchang unlawfully felling protected plants tried by the People's Court of Wanzhou District, Chongqing, Zhang first bought a yew from a plantation for 400 yuan, and then went up the mountain alone to excavated a yew and transplanted it home. Later, he learned there was another yew somewhere, and went there alone again to excavate the plant. He was caught red-handed when he tried to hire someone to transport the plant home. The two yews involved in the case have died. The court found Zhang guilty of the crime of unlawfully felling national protected plants, as yew has been listed as a national first-class protected plant in China. However, Zhang's behavior of excavating and transplanting was different from conventional "felling", and thus was less malicious and harmful to the society. Also, the suspect confessed to the crime and took the initiative to restore the environmental damage. All these elements considered, Zhang was sentenced to three years in prison with suspended execution of three years, and fined 20, 000 yuan. The judgment was made based on the textual interpretation, the characteristics of the criminal act, its harmful consequences and protection of legitimate interests. Zhang's behavior of digging and transplanting yews was identified as felling, and the judgment has important guiding significance for determining the behavior of digging and transplanting endangered species of wild flora.

We strengthened the protection of IP rights such as new varieties of plants, biological genetic resources and genomes. Courts across the country heard 38 cases, including disputes over contracts on new plant varieties, contracts on breeding new plant varieties, contracts for the transfer of the right to exploit new plant varieties, and contracts on licensing new varieties, and concluded 25 of them. In the case of Zhang Youquan and Zhang Mingge v. Fengjie Sales Department of Agricultural Technology Service Center at Huzhai Town, Peixian County, and Jiangsu Peixing Seed Co., Ltd. (hereinafter referred to as Peixing Company) before the Intermediate People's Court of Nanjing City, Jiangsu Province, in October 2007, Zhang Youquan and Zhang Minge applied to the Ministry of Agriculture for plant variety protection of "Lindao 16", which has been afforded legal protection since the granting in May 2013. Zhang Youquan and Zhang Minge later found that the seeds sold by Fengjie Sales Department and Peixing Company were the same variety of "Lindao 16". They decided that their rights to the new plant variety was infringed and took the entities to court. Having had reviewed the report issued by the appraisal institution entrusted by the court, the court concluded that the seeds sold by Fengjie Sales Department and Peixing Company were the same rice variety of "Lindao 16" involved in the case, hence constituting a tort, and the two defendants should be liable for damages. The message send by the judgement is that no entity or individual may grow or sell the breeding materials of the granted variety for commercial purposes without the permission of the owner of the variety right; it has also pointed out that the right to a new plant variety is an announced right which producers and operators in the same industry should be aware. The judgement has played a positive role in protecting and encouraging the cultivation and use of new plant varieties.

We supervised administrative organs in accordance with the law and ensured that they performed their duties of biodiversity protection. Courts across the country heard 3,447 forestry administrative cases with 3, 157 concluded, 344 fishery administrative cases with 324 conclude, and 722 water conservancy administrative cases with 585 concluded. In the case of Xiong Lijun and Zhang Qianliang v. Matang Office of Yueyang County (hereinafter referred to as Matang Office) before the People's Court of Quyuan Management District in Yueyang , Hunan Province, Xiong Lijun and Zhang Qianliang obtained the right to contract forestland involved in the case in March 2017, and planted a large number of European and American black poplars known as "ecological destroyers". Under the central environmental inspection, in May 2018, Yueyang County Environmental Protection Committee issued a supervision letter to Matang Office, requiring for the removal of the European and American black poplars that caused damage to the wetland ecosystem of Dongting Lake, and reparation of the damage. As Xiong and Zhang failed to remove the black poplars, in June 2018 Matang Office sent its staff to the contracted area to fell the poplars and cleared the forestland. Xiong and Zhang later brought a lawsuit to the court. The court held that the competent authorities was not mandated by law to have the black poplars cleared in large numbers, and hence the behavior was unauthorized administrative enforcement that was in violation of the legal procedures under the *Administrative Compulsory Enforcement Law of the People's Republic of China*. Therefore, the administrative organ was found guilty. The judgment focused on the inappropriateness of the administrative enforcement procedure, which provides judicial guidance to improve the administrative enforcement.

We enhanced the judicial protection of landscape diversity. We focused on cases concerning the protection of natural relics, cultural relics and other types of landscapes. We lent judicial protection to the aesthetic value and richness of landscapes and views within certain time and spatial dimensions. In the case of Hu Yanjun et al. stealing and excavating ancient cultural sites and ancient tombs tried by the Intermediate People's Court of Anyang, Henan Province, Hu Yanjun et al. repeatedly carried out excavations in the key protected areas, general protected areas and construction control zones in Yinxu site, and profited from the unlawful act. The court held that cultural relics were not only public resources, but also an integral part of environmental protection, and the behavior of destroying ancient cultural sites and tombs listed as cultural relics should be severely punished. Hu et al. repeatedly carried out excavation at the ancient cultural sites and ancient tombs within the protected areas of Yinxu site, one of China's oldest and largest archeological sites, thus constituting the crime of illegal excavation of ancient cultural sites and ancient tombs. The Defendants shall bear criminal liability in accordance with the law. Cultural relics are of great value in science, culture, history, aesthetics, education, environment and so on. Once destroyed, it will be difficult to restore. The judgment of this case sends a strong signal that crimes as such will be severely punished, and helps raise the public awareness of cultural relics protection and deters the potential destruction of ancient cultural sites and ancient tombs.

We lent strong judicial protection to key ecological areas. We directed many resources to hear cases concerning the protection of key ecological areas such as nature reserves and shoreline areas. In the case of Luo Shenggui, Qiu Yuanmei and Zhou Yingjun illegally fishing for aquatic products heard by the People's Court of Hanshou County , Hunan Province, Luo Shenggui et al. had been investigated for committing the crime of illegal fishing for aquatic products in 2017. However, from September 20 to 21, 2019, the same group of people caught 800 kilograms of fish using electric fishing in the waters near Potou Ferry in the West Dongting Lake National Nature Reserve in Hunan Province. The court held that by fishing aquatic products in prohibited areas and using prohibited methods, Luo et al. violated the law on the protection of aquatic resources. The circumstances were serious, and their acts constituted the crime of illegal fishing for aquatic products. The defendants were ordered to assume criminal liability, which has strengthened judicial protection of national nature reserves and other key areas, and effectively controlled illegal fishing. The judgment is of great significance in protecting the ecosystem of Dongting Lake and the middle and lower reaches of the Yangtze River. In the case of the contractual disputes between the retrial applicant Sanfu Forest Farm in Fengdu County and the respondent Zhang Lichun which was tried by

Chongqing High People's Court, Zhang and Sanfu Forest Farm in Fengdu County signed a "Contract on Qualification Confirmation for Bamboo Shoot Acquisition" in March 2006, agreeing that Zhang could do intermediate cuttings in the area under the jurisdiction of Jiayakou Management and Protection Station of Sanfu Forest Farm in Fengdu County, and the harvesting of bamboo shoots in the same area was exclusively contracted to Zhang Lichun. However, the forest involved in the case is located in the core area and buffer zone of Nantianhu Nature Reserve in Fengdu County. Considering that, Sanfu Forest Farm issued a notice to Zhang in June 2017 in the course of the performance of the contract, claiming that the contract was invalid for it violated the *Contract Law of the People's Republic of China* and the *Regulations on Nature Reserves of the People's Republic of China*. That is to say, Sanfu Forest Farm no longer wanted the contract to be performed. Zhang lodged a lawsuit, requesting confirmation of the validity of the "Contract on Qualification Confirmation for Bamboo Shoot Acquisition"and continuation of the performance. The court of retrial corrected the decisions at first and second instances that the relevant provisions of the *Regulations on Nature Reserves of the People's Republic of China* were administrative norms. It decided that the contract involved in the case violated the prohibitive provisions of the *Forest Law of the People's Republic of China*and the *Regulations on Nature reserves of the People's Republic of China*. If the contract was found to be valid and continued to be performed, it would cause damage to the nature and the ecosystem, hence jeopardizing the public environmental interest. The court of retrial rejected the litigant's request to confirm the validity of the contract involved in the case and to continue to perform the contract. The judgement has emphasized the mandatory provisions that strictly prohibit any economic activities in the core areas and buffer zones within nature reserves, strengthening the protection of the pristine ecosystems in nature reserves. In the case of Jilin Hunchun Forestry Bureau v. Hunchun Animal Husbandry Administration Bureau (hereinafter referred to as Hunchun Animal Husbandry Bureau) and Hunchun Hulong Villagers Committee (hereinafter referred to as Hulong Village) before the People's Court of Hunchun City, JiLin Province, the contested issue was whether Hulong Village, with the grassland ownership certificate, could continue to engage in animal husbandry within the nature reserve of Siberian Tiger. The court held that the grassland involved in the case was included in the Hunchun National Nature Reserve of Siberian Tiger. Under Article 18 of the *Regulations on Nature Reserves of the People's Republic of China*, the land that has been designated as a national nature reserve is not allowed to be used for animal husbandry. Regardless of the legality of the grassland ownership certificate issued by Hunchun Animal Husbandry Bureau, the certificate should be revoked in accordance with the law. The judgement made it clear that the registration departments shall not register the contracting or management right for the woodlands and grasslands within nature reserves, and those already registered should be revoked. The judgement has sent a signal of strong judicial protection of the ecosystem and the environment of nature reserves.

We also stepped up the adjudication of other types of ecological damage cases. We heard cases of ecological damage caused by alien species, overexploitation of groundwater, destruction of vegetation, indiscriminate capture and killing, mineral exploitation, engineering construction etc. In these cases, the environmental and biological elements were adversely affected or the ecosystem services were degraded. In the contractual dispute between Huang Zhenxiong and the People's Government of Qianlianghu Town, Junshan District, Yueyang City, heard by the Intermediate People's Court of Yueyang City, Hunan Province, the government of Qianlianghu Town and Huang Zhenxiong signed the contract on the management right of Caisang Lake in December 2013. Huang then divided the contracted Caisang Lake into the upper and lower reaches to grow lotus roots and farm crabs respectively. The two parties then had a dispute and signed the "Supplementary Agreement to the Contract for the Management Right of Caisang Lake" on November 10, 2016, agreeing that Huang would no longer plant additional tall crops in Caisang Lake (nor crops that might affect the ecosystem). Also, Huang would be responsible for removing the seedlings and fruits of the tall crops from the past under the supervision of the government of Qianlianghu Town. In October 2017, the government of Qianlianghu Town served a notice on Huang to rescind the management right contract and its supplementary agreement so as to rectify the ecological damage as required by the environmental inspectors from the central, provincial and municipal governments. The government of Qianlianghu Town later sued to terminate the contract, but Huang countersued for compensation. Regarding the alleged loss Huang was suffering from removing the lotus roots, the court held that under Article 29 (6) of the *Regulations on Wetland Protection and Management* issued by the State Forestry

Administration and Article 15 of the *Regulations on Wetland Protection of Hunan Province*, introducing alien species into wetlands was prohibited. Huang et al. broke the law by growing lotus roots in Caisang Lake without the consent of the contractor. Therefore, his claim for compensation from the government of Qianlianghu Town should not be supported. The judgement made it clear that losses associated with introducing alien species without authorization will not be compensated, showcasing the concept of maintaining the balance of local ecosystems.

3. Handling of Cases Concerning Development and Utilization of Resources

We tried cases arising from the development and utilization of land, minerals and other natural resources that were closely related to the environmental protection and restoration, including cases of development and utilization of natural resources, cases of infringement on environmental rights and interests such as ventilation, lighting, overlooking, landscape, etc. We placed equal importance on the protection of resource ownership and the order of transaction as well as the rational development and utilization of resources and effective environmental restoration.

We enhanced the adjudication of cases concerning the development and utilization of natural resources. Crimes destroying natural resources were punished in accordance with the law to ensure the security of national resources. Courts across the country heard 3, 970 criminal cases of illegal mining with 3, 271 concluded, 6, 094 criminal cases of illegal seizure of agricultural land with 5, 461 concluded, 7, 939 criminal cases of indiscriminate felling of trees with 7, 735 concluded, 209 criminal cases of illegal acquisition, transportation, illegal felling and indiscriminate felling of trees with 198 concluded. In the case of Fuzhou Yuanshun Stone Co., Ltd. and Huang Hengyou illegally occupying farmland before the People's Court of Minhou County, Fujian Province, the court held that the defendants took 138. 51 mu of forestland for mining and stone processing without the approval from the competent authorities, which constituted the crime of illegal occupation of farmland. Considering the fact that Huang restored the environment afterwards, the court handed down a lesser punishment in accordance with the law. Based on the circumstances of the criminal act and the remedial actions taken immediately afterwards, the judge decided to hand down a lesser punishment, which has both served the purpose of punishment and showcased the criminal policy of combining punishment with leniency and the principle that the degree of punishment shall be commensurate with the crime committed and the criminal responsibility to be borne by the offender.

We heard civil cases in the development and utilization of resources in accordance with the law to promote the efficient use of resources. Courts across the country heard 1, 103 cases concerning disputes over the right to use of construction land with 886 concluded, 50 cases of easement with 43 concluded, 129 cases of marine development and utilization with 108 concluded, 20 cases of water rights with 20 concluded, 558 cases of disputes over mining rights with 430 concluded, 69, 295 cases of contractual disputes over power , water, gas and heat supply with 67, 492 concluded, 9 contractual disputes over sino-foreign natural resources exploration and development with 2 concluded, and 11, 707 disputes over contracts for agriculture, forestry, fishery and animal husbandry with 10, 708 concluded. In the property damage case of Lanping Sanjiang Copper Co., Ltd. (hereinafter referred to as Sanjiang Copper Company) v. Lanping Huiji Mining Co., Ltd. (hereinafter referred to as Huiji company) before the People's Court of Lanping Bai and Pumi Autonomous County, Yunnan Province, the Huiji company and Sanjiang Copper Company were two mining companies in the upper and lower reaches of the Qingshui River Basin. The improper disposal of waste residue by Huiji Company at the upstream provide oppotunities for the occurrence of debris flow, causing great economic losses on the part of Sanjiang Copper Company. The court held that disasters that were preventable and insurmountable should not be deemed as circumstances beyond the control of man, and that losses caused by torrential rain did not necessarily constitutes a "force majeure event" that freed the defendant from liability. If the precipitation wasn't past the preventable threshold required by the state, it should be deemed as a preventable and controllable event, and the resulting losses weren't caused by force majeure. According to the investigation report of Lanping County Land and Resources Bureau on "6. 07" debris flow in Qingshui River, Yingpan Town, Lanping County, the disaster was triggered by the improper disposal of waste residue from production by Huiji Company, which provided abundant material sources for the debris flow to happen. Therefore, Huiji company should bear the liability for compensation for the loss. In the course of the trial, the judge fully considered the role of the improper disposal of waste residue in causing natural disasters, and made it clear that natural disasters not beyond the threshold for prevention should be deemed preventable and controllable, hence not force majeure events.

We properly handled administrative cases concerning registration and approval of the rights to natural resources, and promoted the improvement of the property rights regime for natural resources assets. Courts across the country heard a total of 29, 107 land administrative cases with 25, 945 concluded, 380 geological and mineral administrative cases with 346 concluded, 3, 354 administrative resource cases with 2, 829 concluded. In the case of Beihai Naizhi Marine Science and Technology Co., Ltd. (hereinafter referred to as Naizhi Company) v. Beihai Marine and Fisheries Bureau (hereinafter referred to as Beihai Marine Fisheries Bureau) before the Beihai Maritime Court, Naizhi Company, without obtaining the right to use the sea area in accordance with the law, leveled its leased open land (which was actually a beach), and built a temporary wharf to transform it into a land area for the construction of a freezing factory. Beihai Marine and Fisheries Bureau imposed an administrative penalty on the company, ordering it to restore the illegally occupied sea area to the original state and imposing a fine. Naizhi company sued the decision to the court. The court held that the company illegally occupied the sea area and carried out reclamation activities in violation of the *Law on the Management of Sea Area use of the People's Republic of China*, and it was appropriate for Beihai Marine and Fisheries Bureau to impose an administrative penalty. The court rejected the claim of the company. With the rapid development of marine aquaculture, some organizations and individuals illegally occupy and even reclaim the sea without obtaining the right to use the sea, which has a serious impact on the marine environment and sustainable development. The handling of the case fully demonstrates the judiciary's commitment to protect the national coastline and marine environmental security with the strictest regime and the rule of law. It also gives full play to the service and guarantee function of environmental justice in promoting China's maritime power strategy .

We strengthened the adjudication of cases harming environmental rights and interests. We handled cases of infringing on environmental rights and interests such as ventilation, daylighting, overlooking and landscape in accordance with the law. We sought to promote the concept of "prioritizing protection and strengthening the conservation of inheritance" and achieve intra-generational and inter-generational equality in the protection of environmental rights and interests. In the case of Meng Yun and Li Yuefu v. Yunnan Copper Real Estate Development Co., Ltd. (hereinafter referred to as Copper Real Estate Company) before the People's Court of Panlong District, Kunming City, Yunnan Province, Meng Yun and Li Yuefu sued Copper Real Estate Company for its project "Window of the Times" blocking the sunlight, ventilation and daylight for the plaintiffs' homes. The identification results showed that (1) The construction of "window of the Times" had no effect on ventilation (2) but it did block the sunlight and lighting for the plaintiffs' homes, violating the *Code for Planning and Design of Urban Residential Areas*, *Code for Housing Design*, *General Principles for Civil Building Design* and *Technical Provisions on Urban and Rural Planning and Management of*

Kunming City. The court held that in handling the dispute over the adjacent buildings blocking sunlight, the decision on whether the lighting and sunlight were blocked should be based on whether there was a violation of national engineering construction standards. The court then concluded that the Copper Real Estate Company should bear the liability of compensation. The case has provided inspiration for the handling of disputes over access to lighting and sunlight, i. e. determining whether there are obstructions interfering with lighting and sunlight or violations of national engineering construction standards and national standards on sunlight hours, or to what degree the shortening of sunlight hours constitutes an infringement.

4. Hearing of Climate Change Cases

Cases concerning greenhouse gases (GHG) emissions, ozone depleting substances and other direct or indirect contributors to climate change, including the mitigation cases and adaptation cases, have been dealt with in accordance with the law. Various judicial means were employed to promote mitigation and adaptation in responding to climate change and promote the development of a national climate change governance system.

We strengthened the trial of climate-change mitigation cases. The cases were handled to reduce or prevent GHG emissions from renewables, energy efficiency projects, sustainable transport, Ozone Depleting Substance(ODS) control, land-use change and forestry management. We cracked down on crimes such as smuggling charcoal and silica sand that hinder the environmental and resource protection efforts, or illegally producing, selling, using, importing and exporting ODS. We properly dealt with cases of energy conservation and emission reduction in high-emissions industries and cases concerning the development and utilization of new energy to speed up low-carbon transition. We properly handled disputes over carbon sequestration and carbon trading to accelerate the development of a uniform national carbon emissions trading market. The Intermediate people's Court of Lanzhou City, Gansu Province and the Intermediate People's Court of Yinchuan City, Ningxia Hui Autonomous Region are hearing the wind curtailment case of Friends of Nature Environmental Research Institute(hereinafter referred to as FON) v. State Grid Corporation Ningxia and State Grid Corporation Gansu. FON filed a civil environmental public interest lawsuit against the two branches of the State Grid Corporation for failing to fully purchase all power generated by wind and solar energy that meet grid connection standards and for causing environmental pollution by relying on coal-fired power to fill the gaps in grid output caused by curtailment. In the administrative case of Quan Shijie v. Dandong Bureau of Ecology and Environment before the People's Court of Zhenxing District, Dandong City, Liaoning Province, Quan Shijie led a team engaged in chemical manufacturing activities in Wenbin Village. The product mainly consisted of CCl_3F, an ODS of which production and consumption were controlled. Quan et al. were found operating without applying for a quota license that allowed them to produce ODS in accordance with the regulations. Dandong Bureau of Ecology and Environment imposed an administrative penalty and ordered the plaintiff to stop the unlawful act. The bureau also confiscated the raw materials used for the unlawful production of ODS and the ODS-related products, demolished the manufacturing equipment and facilities etc., Quan, unsatisfied with the administrative decision, filed a complaint with the court. The court held that Quan was engaged in the manufactureing of CCl_3F without ODS production quota license, violating the the *Regulation of the State Council on the Administration of Ozone Depleting Substances*. Dandong Bureau of Ecology and Environment performed its duty required by law. Its application of laws and regulations was correct, and the alleged administrative action conformed to the statutory procedures. The judgement showcased China's commitment to securing compliance with international conventions and to safeguarding the living environment for all mankind.

We also enhanced the trial of climate change adaptation cases. We made sure that effective and long-term measures were incorporated into the development policies, plans, projects and actions for better adaptation to climate change when handling the adaptation cases. We heard climate change cases concerning environmental impact assessment of construction projects in accordance with the law, and properly applied relevant national laws, regulations, rules and environmental standards on energy conservation and emission reduction so as to reduce the losses and impact from climate change on people, property and public health. In the case of Hainan Senyuan Real Estate Co., Ltd. (hereinafter referred to as Senyuan Company) v. Haikou Municipal People's Government (hereinafter referred to as Haikou Municipal Government) before Haikou Intermediate People's Court, part of the land used by the Senyuan Company was within the Class II Redlined Area for

Biodiversity Conservation and was also within the water sources protected area. To serve the public interest, i. e. to promote the socioeconomic development, Haikou Municipal Government decided to recover the land use right and compensated the company in accordance with Article 58 (1) of the *Land Management Law of the People's Republic of China*. Senyuan, unsatisfied with the administrative decision, filed a complaint with the court. The court held that the land at issue should not be developed considering its impact on water source protection and the planning of the ecological green belt. The Haikou municipal government acknowledged that its decision left the land idle and planned on compensating for taking back the land in the interest of the public. Therefore, the administrative decision should not be deemed unlawful. The judge in the case supported the actions the government took to expand the ecological green belt, strengthen the protection of water sources, and improve the terrestrial ecosystem, which has provided judicial service for implementing measures to adapt to climate change.

5. Handling of Cases Concerning Environmental Governance and Services

We tried cases concerning the use of regulatory measures such as taxes, fees and quotas, as well as market mechanisms such as third-party governance, the right to environmental capacity utilization, and green finance to prevent the degradation of the environment and improve its quality. The cases, as stated above, touched areas of third-party governance, environmental resources taxes, environmental capacity utilization rights and green finance.

The handling focused on the prevention and reduction of pollution and effective remediation under the market mechanism. At the same time, the obligations conferred by public law were once again stressed to achieve the goal of environmental governance.

We tried cases concerning third-party participation in environmental governance. Courts across the country heard a total of 87 criminal cases concerning the intentional falsification of environmental impact assessment (EIA) documents or documents rife with inaccuracies and misrepresentations, 54 of which were concluded. We invested more resources in trying administrative and civil cases concerning EIA, environmental monitoring, environmental damage assessment and identification, maintenance and operation of environmental monitoring equipment and pollution control facilities, and ecological environment restoration. In the environmental administrative license case involving 51 people, including Lin Hai before the Intermediate People's Court of Longyan City against the Xinluo Bureau of Ecology and Environment in Luongyan City (hereinafter referred to as Xinluo Bureau of Ecology and Environment), Longyan Huaxia Eye Hospital Co., Ltd. (hereinafter referred to as the Eye Hospital) planed on building hospital on the 1st floor and 2nd floor of Building 1, Fenghua Mall, Xinluo District, Longyan City. The Eye Hospital then entrusted Hunan Fairview Environmental Science and Technology Consulting Co., Ltd. (hereinafter referred to as Hunan Fairview Company) to prepare an EIA report to apply for the EIA permission. Having had reviewed the report, the Xinluo Bureau of Ecology and Environment granted permission to the construction project. However, Lin Hai, among 51 owners and operators of Fenghua Mall, claimed that the Eye Hospital provided false information on public participation in its EIA report, and Xinluo Bureau of Ecology and Environment failed to fulfill its obligation to examine the report. The 51 filed an administrative lawsuit with the court and requested for the approval to be revoked. The court held that Fenghua Mall was mainly a residential building. The Eye Hospital should have consulted the residents in accordance with the law when compiling its EIA report. In the process of reviewing the report, the Xinluo Bureau of Ecology and Environment neither asked the Eye Hospital to provide the questionnaire, nor did it fulfill the duty of care to check the contents of the documents. The basis for it to grant approval was flimsy, and hence the approval should be revoked. The case is an administrative dispute over the EIA permission for the construction of a hospital in an environmentally sensitive areas, involving touchy issues such as public consultation on EIA and not in my backyard(NIMBY) effect. After reviewing the procedures of administrative acts, the court held that the environmental administrative permit should be revoked because of the flimsy basis. The judgement shows the importance attached by the judiciary to the public's rights to information, participation, expression and supervision in environmental matters. It has nudged the environmental administrative organs to perform its duties in accordance with the law. Beijing No. 1 Intermediate People's Court heard the case of China Energy Saving Science and Technology Investment Co., Ltd. (hereinafter referred to as China Energy Saving Company) v. Sichuan Coal and Coking Group Co., Ltd. (hereinafter referred to as Coal and Coking Company), Sichuan Weiyuan Construction

Group Co., Ltd. (hereinafter referred to as Construction Company) and Luo Yanming. Between 2011 to 2012, China Energy Saving Company and Coal and Coking Company signed the "Energy Saving Service Contract for Coke Dry Quenching(CDQ) Project" and "Energy Saving Service Contract for Power Generation Project", agreeing that the Energy Saving Company was responsible for fund raising, project design, equipment procurement, construction, equipment installation and commissioning, and the construction of CDQ system, steam-driven turbine power station and supporting circulating water plant for the Coal Coking Company. Both parties also agreed that the ownership of the construction projects should be transferred free of charge when the contract expired, and the Coal and Coking Company should pay for the sharing of energy-saving benefits as stipulated by the contracts. The Construction Company, Luo Yanming and China Energy Saving Company signed a guarantee contract to provide guarantee for the items under the "Energy Saving Service Contract for CDQ Project". After the energy-saving project was completed and put into operation, the two parties agreed that April 30, 2014 was the starting date for the sharing of energy-saving benefits from the project. However, the Coal and Coking company failed to pay as agreed. China Energy Saving Company filed a lawsuit to ask for payment. The court held that the"Energy Saving Service Contract for CDQ Project" and "Energy Saving Service Contract for Power Generation Project" were legal and valid contracts that should be observed. The Coal and Coking Company's failure to pay for the sharing of energy-saving benefits as agreed constitutes a breach of contract; and the amount of dues already exceeded 1/5 of the total payment of the contracts, and the outstanding amount should be paid in full.

China Energy Saving Company made a valid request for the Construction Company and Luo Yanming to bear joint and several liability, as both are signatories to the joint guarantee contract. The case is a new type of contractual dispute over energy-saving service. Coking, as a historically heavy-pollution industry is crucial to the transition into the green development. The judgement, by supporting the claim of the energy-saving service provider, has contributed to the maturing and standardizing of energy management contracting market. It is of great significance in promoting energy conservation and emission reduction.

We heard environmental tax cases in accordance with the law. In the reconsideration case of Fushun Municipal Environmental Protection Bureau (hereinafter referred to as Fushun Environmental Bureau) v. Fushun Changshun Power Co., Ltd. (hereinafter referred to as Changshun Company) before the Intermediate People's Court of Fushun City, Liaoning Province, Checked by Fushun Envirometal Bureau, Changshun Company should pay 3.4615 million yuan for sewage charges between January 2017 and March 2017. But the payment still didn't come through as of March 14, 2018. Fushun Environmental Bureau then issued a payment reminder and set a deadline. But still no payment was made on the part of Changshun Company. Fushun Enviromental Bureau then went ahead to apply to the court for forcible enforcement. Article 27 of the *Environmental Protection Tax Law of the People's Republic of China*, effective Jan 1, 2018 stipulates that "from the date when this Law comes into force, environmental protection tax shall be collected in accordance with the provisions of this Law, and no pollutant discharge fees shall be collected any more." The court of first instance ruled that the decision of forcible payment of sewage fee should not be allowed. Fushun Environmental Bureau, unsatisfied, applied for reconsideration. Considering the legality of the review of the administrative act and the rule that old laws applyed to substantive issues, while new laws to procedural issues, the court of reconsideration held that Fushun Municipal Environmental Bureau levying sewage charges on enterprises under *Regulation of the State Council on the Administration of Collection* and *Use of Pollutant Discharge Fees* was a substantive issue. The time frame for the recovery of sewage charges was from January 2016 to December 2017, during which *Regulation of the State Council on the Administration of Collection and Use of Pollutant Discharge Fees* was applicable. Therefore, decision of the court of original trial not allowing forcible payment was revoked. The ruling has made clear the rules of applying *Environmental Protection Tax Law of the People's Republic of China* during the transitional period where the new and old laws meet. It supported the competent authorities' decision to recover sewage charges and protected environmental public interests, providing guidance for the handling of similar cases.

We conducted in-depth research on cases concerning the right to utilize environmental capacity and green finance. We studied the nature, objects, and obligations of a series of new types of rights, such as the right to energy use, right to water use, right to pollutant discharge and carbon emission. We worked to regulate the obtaining, using and purchasing and selling allowances in accordance with the law. We contributed to the fostering and development of the market for the trading of the right to environmental capacity utilization. Under the market mechanism, energy and resources could be effectively allocated across the board, hence achieving the ultimate goal of energy conservation and emission reduction. We also did research on the legal application and regulation in handling cases concerning green credit, green bonds, green development funds, green insurance and securitization of forest assets. We sought to maximize the potential of financial instruments and market mechanisms in promoting green development, mitigation and adaptation to climate change. The Intermediate People's Court of Putian City, Fujian Province promoted "ecological justice + green finance" model under which stronger inter-departmental cooperation provided judicial guarantee for forest farmers entitled to the forestry financial product"Fulin loan" and for the commercial forest procurement regime in key ecological areas. In the EPIL case of of Fujian Green Home v. Xiangda Agriculture and Animal Husbandry Co., Ltd., Agricultural Bank of China Co., Ltd., Yicheng Branch, Hubei Yicheng Rural Commercial Bank Co., Ltd. before the Intermediate People's Court of Shiyan City, Hubei Province in accordance with the law, Fujian Green Home sued Yicheng Branch of Agricultural Bank of China Co., Ltd., and Hubei Yicheng Rural Commercial Bank Co., Ltd. for granting loans to the construction project of Yicheng Xiangda Agriculture and Animal Husbandry Co., Ltd., regardless of the potential environmental impact, and thus should be held liable. The acceptance of the case marks a milestone in China's adjudication of disputes over green finance.

II. A Stronger Environmental Public Interest Litigation(EPIL) System to Safeguard the National and Public Interests

1. Improvement in the normative system

We issued a series of judicial interpretations. In June 2019, the Supreme People's Court issued Several Provisions of the Supreme People's Court on the Trial of Cases on Compensation for Damage to the Ecological Environment (for Trial Implementation), providing for the acceptance conditions for ecological and environmental damage compensation litigation cases and its connection with civil EPIL among other rules. In December 2019, the Supreme people's Court and the Supreme people's Procuratorate jointly issued *Official Reply on Whether the Pre-litigation Public Announcement Procedures Shall be Performed for a Civil Public Interest Litigation Incidental to Criminal Proceedings Filed by a People's Procuratorate*, making it clear that the criminal cases with incidental civil public interest proceedings brought by the prosecutors must go through pre-litigation announcement procedure.

We publish typical cases. In March 2019, the Supreme People's Court published 10 typical cases of environmental protection and 5 more on people's courts safeguarding the reform of the environmental damage compensation system in June. The high people's courts across the country also issued typical cases within their jurisdictions, refining the rules of adjudication of environment and resources cases and setting up a uniform standard for adjudication.

We conducted research. In September and October 2019, research and investigation were organized to Gansu and Guizhou aground the topics of EPIL and environmental damage compensation litigation; in September, we sent representatives to join the CPPCC Research Group and went to Inner Mongolia and Anhui to study EPIL cases initiated by prosecutors. In October, the National Judiciary Working Conference on Promoting EPIL and Ecological Damage Compensation Litigation was held in Hefei, Anhui Province to review the progress and challenges in the two areas in recent years. Priorities for the future were clarified at the meeting and comments on the meeting minutes of application of laws in hearing EPIL cases were collected.

We rolled out normative documents. High people's courts in Zhejiang, Hubei, Guangxi and other places issued minutes or adjudication guidelines for the hearing of EPIL cases to set a uniform standard addressing legal application issues in hearing public interest litigation cases within their jurisdiction. The high people's courts in Tianjin, Inner Mongolia, Shanxi, Heilongjiang, Shanghai, Zhejiang, Shandong and Qinghai issued guiding opinions and detailed rules for the hearing of ecological damage compensation cases. These documents were important in regulating the procedures for judicial confirmation of an agreement concluded upon negotiation and the procedure of adjudication for environmental damage compensation cases. The Intermediate People's Court of Xingan in Inner Mongolia Autonomous region, together with the local procuratorate, the Public Security Bureau and the Justice Bureau, jointly issued a guidance on the establishment of ecological restoration mechanism, seeking to embed the concept of restorative justice throughout the whole trial process.

2. Proper Handling Cases in Accordance with the Law

We handled civil EPIL cases brought by NGOs in accordance with the law. People's courts at all levels were dedicated to protecting NGOs' right to bring EPIL cases so as to encourage them to play a greater role in advocating for public environmental interest. In the case of China Biodiversity Conservation and Green Development Foundation (hereinafter referred to as CBCGDF) and Guizhou Hongde Real Estate Co., Ltd. (hereinafter referred to as Hongde) before the People's Court of Qingzhen City, Guizhou Province, Hongde enclosed a river channel into its golf course, encroaching upon the public environment and resources and infringing on the public's rights to enjoy a beautiful environment, such as passage, sightseeing and so on. The court arranged for both parties to mediate and issues a mediation statement after publishing the settlement agreement whereby Hongde should rectify the situation according to a plan approved by the competent authorities so as to ensure that the area involved in the case became an open public space. Also, CBCGDF or a third party should be invited to supervise the rectification. The adjudication of the case makes it clear that the rights of passage, sightseeing and viewing are also part of the public's rights and interests to enjoy the public environment which shall be protected properly. In the case of CBCGDF v. Shenzhen Sumei Environmental Co., Ltd. (hereinafter referred to as Sumei) and Zhejiang Taobao Network Co., Ltd. (hereinafter referred to as Taobao) before the Intermediate People's Court of Hangzhou City, Zhejiang Province, Sumei had been selling automotive products on Taobao since September 2015, including the "magical product" that could help vehicles pass annual emission test. More than 30,000 pieces were sold with sales revenue of 3 million yuan. CBCGDF argued that that Sumei committed fraud by helping vehicles evade emission-testing standard, gravely hindering the efforts to prevent and control air pollution. Taobao, on the other hand, allowing such products to be sold on its platform, should also be held liable. CBCGDF lodged civil EPIL against the two companies. The court held that Sumei advertised that its products could help vehicles evade the annual inspection, egging owners on committing a tortious act and resulting a damage to the public interest. Under the circumstances where identifying the alternative reparation cost of the air pollution damage was almost impossible, the court took into account the scope and degree of pollution and damage to the environment, the benefits the defendant got from the damage and its process, degree and other factors and determined the cost of environmental restoration Sumei should bear. As an information release platform, Taobao was not part of the transaction and fulfilled its obligation by review and taking down the advertisement intime. Therefore, Taobao was found not liable for the damage. The court ordered Sumei to make an open apology at the state-level media and compensate for the cost of restoration of polluted environment. The judgement urged the business to fulfill its statutory obligations and social responsibilities of environmental protection and the information platforms to regulate their behavior and set up an effective supervision system. Also, it has set a precedent to determine a reasonable environmental restoration cost.

We heard EPIL cases brought by people's procuratorates in accordance with the law. Bearing in mind the principle that prosecutors only step in when no one advocates for public interest in civil procedures, we particularly reviewed announcement procedure of civil PIL cases, especially that of criminal cases with incidental civil public interest procedures and the pre-litigation procedure of administrative PIL cases in accordance with the law. We supported eligible NGOs to join litigation as co-plaintiffs, encouraged prosecutors to support NGOs in bringing litigation , and ensured that civil PIL cases and administrative PIL cases related to each other were tried together. In the civil EPIL case of Shangrao People's Procuratorate v. Zhang Yongming, Mao Weiming, and Zhang Lu heard by the Intermediate People's Court of Shangrao City, Jiangxi Province, Zhang Yongming et al. drilled holes for pitons for aid climbing while they were climbing the Giant Python Peak, causing serious damage to the Peak, the core scenic spot of Sanqing Mountain which was listed as the World Natural Heritage Site as well as the Global Geopark. Shangrao People's Procuratorate filed a civil public interest lawsuit, requiring the three defendants to bear the liability of compensation and make an apology. The court held that Giant Python Peak was the core scenic spot of Sanqing Mountain under the state protection. The ecosystem there was unique, rare and vulnerable with great research, aesthetic and recreational value. The act the three defendants infringed upon the environmental rights of the public to enjoy the world natural heritage, and had a negative impact nationwide. Therefore, apart from the criminal liability, the defendants should also bear the civil liability of compensation for losses and apology. It is the first civil public interest lawsuit for intentional damage to natural heritage in China. In the civil EPIL case of Taizhou City People's Procuratorate v. Wang Xiaopeng and other 58 people heard by the Nanjing Intermediate People's Court in Jiangsu Province, Dong Ruishan and others were using prohibited fishing gears with a mesh size of less than 3 mm to catch eel fries in the mainstream of the Yangtze River in the first half of 2018, and sold them for profit. Qin Libing, disregarding the fact that the eel fries provided by Wang Xiaopeng and others were caught through illegal means, still made repeat purchases. All of them were held for criminal liability in accordance with the law. The Taizhou People's Procuratorate filed a civil public interest lawsuit against the 59 people, including Wang Xiaopeng, to bear joint and several liability for damages. The court held that during the fishing ban period which is important for the reproduction of aquatic species in the Yangtze River, the defendants illegally fished eel fries from the Yangtze River repeatedly, thus depleting the population of eels and other aquatic species. The behavior caused damage to biodiversity, and the defendants shall be held liable for compensation. A complete chain of interests was formed between illegal purchasers and illegal fishermen who jointly caused damage to ecological resources and should bear joint and several liability for compensation. This is the first case that the Nanjing Environment and Resources Division heard and decided since the "9 + 1" environment and resource trial mechanism has been operated, It is also the first case in China that has held the "whole chain" to bear the liability of ecological damage compensation for fishing, acquisition and sale of eel fries in the Yangtze River basin since the state changed the fishing ban in January 2016. It fully demonstrates the determination and commitment to protect the ecosystem and the environment of the Yangtze River with the most stringent regime and rule of law. In the administrative EPIL case of the People's Procuratorate of Rongjiang County of Guizhou Province (hereinafter referred to as Rongjiang County Procuratorate) v. the People's Government of Zaima Town, Rongjiang County (hereinafter referred to as the Government of Zaima Town) heard by the People's Court of Liping County, Guizhou Province, Zaidang Dong Village Dong Village and Guiliu Dong Village in Rongjiang County were listed as the protected Chinese traditional villages in 2012 and 2016 respectively. The Procuratorate of Rongjiang County later discovered that the absence of proper planning and regulation gave rise to problems such as unapproved construction, illegal land seizures and and illegal occupation of river courses for home building, and so on. Two months after the Procuratorate issued the procuratorial recommendation to the government of Zaima Town, the situation in Zaidang and Guiliu remain unrectified. The prosecutors had to go ahead and took the local government to court. The court held that under the *Environmental Protection Law of the People's Republic of China*, the *Urban and Rural Planning Law* and the *Regulations of Guizhou Province on the Protection and Development of Traditional Villages*, the government of Zaima Town was responsible for supervising and protecting Zaidang and Dongliu, which are classified as Chinese traditional villages. However, it failed to take any measures against the unauthorized construction, reconstruction and expansion of structures in the protected area which destroyed the traditional pattern and style of the villages, causing damage to the national and public interest. Having had received the procuratorial recommendation, the government of Zaima town did little to rectify the situation and the unlawful behavior continued. The court decided that the government of Zaima Town violated the law and ordered it to regulate the behavior that had damaged the traditional pattern and style of Zaidang and Guiliu. This is China's first administrative EPIL case concerning the protection of traditional villages, which has further expanded EPIL's scope and blazed a new trail for the protection of traditional villages. In the administrative EPIL case that the People's Procuratorate of Wenchang City of Hainan Province (hereinafter referred to as Wenchang Procuratorate) v. Wenchang Bureau of Agricultural and Rural Affairs (hereinafter referred to as Wenchang Agricultural Bureau) heard by the People's Court of Wenchang, Wenchang Procuratorate discovered a large number of fixed nets in the sea area, and issued the pre-litigation procuratorial recommendations to Wenchang Agricultural Bureau. However, the Agricultural Bureau called for dismantling of the fixed nets merely by putting up a notice, and failed to keep any evidence. As a result, there was still widespread illegal fishing in the sea area under its jurisdiction. The fishery resources and the public interest were encroached upon constantly. The court held that the Agricultural Bureau broke the law as it failed to regulate the fixed net in the sea area under its jurisdiction. In this case, the court supported the procuratorate in exercising the right of bringing public interest litigation in accordance with the law, and urged the fishery regulators and the prosecutors to work together to provide judicial support for cracking down on illegal fishing. The judgement has contributed to the strict compliance with rules related to the fishing ban periods, no-fishing areas and prohibited fishing tools or methods. It is important in restoring the marine environment and increase the population of marine species, hence improving the marine ecology and environment as a whole.

We handled ecological damage compensation cases in accordance with the law. Fully understanding the nature of the ecological damage compensation litigation, we sought to draw on the strengths of pre-litigation negotiation system and judicial confirmation system, and developed a mechanism that connected ecological damage compensation litigation with environmental public interest litigation to better the way of liability assumption. In the case of judicial confirmation of the ecological compensation agreement between Jiulongpo District Bureau of Ecology and Environment (hereinafter referred to as Jiulongpo Environment Bureau) and Mi Huafu el al, a group of six, Mi Huafu included, set up three stations for hazardous waste processing and engaged in the recovery and processing of waste paint buckets and oil cans without applying for permission from the environmental department. The residual substance in the buckets was dumped directly on the ground in the process of cutting the waste bucket, resulting in soil contamination. On January 9, 2019, the Jiulongpo Environment Bureau and the group of six including Mihuafu signed the "Environmental Damage Compensation Agreement". Considering that it was impossible to repair the contaminated soil in the open, the liability for ecological damages should be assumed by making compensation payment. Upon the signing of the agreement, the six and Jiulongpo Environment Bureau applied to the court to confirm the validity of the Agreement. The court reviewed the Agreement in accordance with the law, made it public, and rendered a judgement to confirm its validity. The liable parties in this case of are all individuals, and the pollution site is located in the industrial area where the countryside and the city meet. Both are typical features in pollution incidents caused by small workshops in the Yangtze River Economic Belt. The handling of this case can be inspirational for similar cases, i. e. ecological damage compensation negotiation involving small workshops. By experimenting with the model of "executive + judiciary" in pollution control, it provided anther option to practice ecological restoration. In the environmental damage compensation case of Jiujiang City People's Government v. Jiangxi Zhengpeng Environmental Protection Technology Co., Ltd. (hereinafter referred to as Zhengpeng Company), Hangzhou Lianxin Building Materials Co., Ltd. (hereinafter referred to as Lianxin Company), Li De el al heard by the Intermediate People's Court of Jiujiang City, Jiangxi Province, Zhengpeng Company and Hangzhou Tangqi Thermal Power Co., Ltd. signed a contract between 2017 and 2018 whereby the former was paid to transport and dispose of sludge from a few companies and Li De, the de facto person in charge of Zhengpeng Company, directly dumped the sludge acquired from other companies alone, or together with Fengcheng Zhihe New Materials Co., Ltd. (hereinafter referred to as Zhihe Company), or handed it over to Zhang Yongliang, Shu Zhengfeng and others who were not qualified for disposal of sludge to dump on multiple plots in the urban area of Jiujiang. Lianxin Company, knowing that Zhang Yongliang was engaged in illegal transfer of sludge, still allowed him to dispose of the sludge using blank contracts with the company's seal.

The behavior as such caused soil, water and air pollution.

The court held that Zhengpeng Company and the de facto person in charge Li De, Zhihe Company and the person in charge Xia Jiping and Zhang Yongliang, Shu Zhengfeng and others transferred or dumped the sludge, causing serious environmental pollution, and should bear the liability for compensation for ecological and environmental damage. Lianxin Company, knowingly not fulfill its regulatory obligations and allowing Zhang Yongliang to dump sludge illegally, should bear joint and several liabilty. It is a case concerning environmental damage caused cross-provincial dumping of industrial sludge in the Yangtze River Economic Belt. The judgment has made it clear that the operator, even with no direct involvement in the dumping act, shall bear the joint liability with the disposer for allowing the illegal dumping behavior. It also made it clear that several people illegally transporting and dumping sludge in a coordinated manner share bear liability jointly when it is impossible to divide and determine the liability for each tortfeasor. That is to say, we applied the most stringent legal regime for environmental protection.

3. Innovation in Trial and Enforcement

Application of the Prevention Principle. Recognizing the preventive role of administrative environmental public interest litigation in urging the government to act, we highlighted the legal analysis sections in the judgments of administrative environmental cases, guiding the administrative organs in performing their duties, and driving the competent administrative authorities to fulfill its duties in an integrated, appropriate and timely manner. As demonstrated by several civil environmental public interest litigations filed by NGOs, including two on challenging the construction of hydropower dams for its potential damage to the endangered five-lope Chinese maple (Acer Pentaphylum) and the habitat of endangered green peafowl, heard before the Intermediate People's Court of the Sichuan Ganzi Tibet an Autonomous Prefecture, and the Intermediate People's Court of Yunnan Kunming, cases with major risks of damaging public interest have been included into the scope of acceptance for civil EPIL. Use of Injunctions. In hearing criminal cases of environmental pollution, the courts of Yunnan, Chongqing, Fujian, Zhejiang, Shanghai, Guizhou and Henan have explored the application of criminal injunction orders to sentenced criminals or criminals on suspended sentence by prohibiting them from engaging in business activities related to pollutant discharge or disposal of hazardous waste during the period of sentence enforcement and/or the probation period. The courts of Zhejiang, Henan and other places have studied and formulated rules for the application of injunction in civil EPIL, and ordered polluters to stop the violation such as illegal discharge of pollutants based on the request of the involved party for an injunction. Huzhou Intermediate People's Court and Lishui Intermediate People's Court of Zhejiang issued the "Measures for the Implementation of Environmental Protection Injunction in Cases". As a result, a total of 29 environmental protection injunctions were issued throughout the year. The courts of Puyang, Xuchang and Zhumadian in Henan Province issued a total of 36 environmental Protection injunctions in 2019.

Innovative Ways of Ecological Restoration. Courts at all levels explored different methods of restoration based on the features of different environmental elements. At local level, on top of ecological restoration methods such as replanting, releasing fish for reproducing, forest protection, bird protection, compensation through community work, technical upgrade for deductions, phase-by-phase implementation, courts have issued various special opinions to explore forms of ecological restoration. For example, the courts of Gansu, Jiangsu and other places take ecological restoration as an abatement factor in sentencing criminal cases, and have established an environmental restoration liability system that links together criminal sanctions, civil compensation and ecological compensation. The Intermediate People's Court of Sanming City, Fujian Province established a model of "Ecological Justice + Restoration Insurance" - by signing a "Cooperation Agreement on Ecological and Environmental Restoration Insurance" with insurance companies, responsibility for restoring eco-environmental damage will be shared by way of insurance and the ecological restoration funds will be transferred to a special account of the insurance company for policy coverage. In the civil public interest lawsuit of Yiyang Environment and Resource Protection Volunteer Association v. Yiyang Fuhua Construction Machinery Co., Ltd., heard by the Intermediate People's Court of Yueyang City, Hunan Province, the court ruled that Yiyang Fuhua Construction Machinery Co., Ltd. should send personnel to carry out the duty of river patrol to protect the river. In the case of Friends of Nature v. Hyundai Automobile (China) Investment Co., Ltd. (Hyundai Automobile) settled by the No. 4 Intermediate People's Court of Beijing, Hyundai Automobile funded the construction of charging points for electric vehicles to indirectly protect the atmospheric environment, another way of alternative ecological restoration. Establishment of Ecological Restoration Bases. The courts of Heilongjiang, Liaoning, Jiangsu, Shanghai, Zhejiang, Fujian, Hunan, Sichuan, Shaanxi, Guizhou, Yunnan and other places established carbon sequestration education bases, public welfare forests, judicial protection for biodiversity practice bases and ecological demonstration parks and others. While restoring the ecosystem and the environment, they also serve as educational bases to raise the environmental awareness of the public. In Shaanxi, the province organized the "Green Mountains +" campaign and established the judicial protection base for the "Qinling" Mountain and "Ankang" Mountain. Following the principle of interpreting the law through cases, the People's Court of Ningde City, Fujian Province launched the "ecological justice + awareness campaign" to establish an ecological judicial education base featuring five functions of awareness raising, achievement demonstration, education, cultural promotion and environmental protection.

4. Improvement in Supporting Mechanisms

Exploring Ways for Fund Management. The Supreme People's Court promoted the establishment of special fund accounts for public interest litigation and eco-environmental damage compensation at provincial level, to address the problem of environmental restoration as a whole, and to ensure that special funds for restoration expenses and compensation are earmarked. In 2019, the Fujian High People's Court, the Fujian People's Procuratorate, the local

Department of Finance, and the local Department of Natural Resources jointly formulated the "Measures for the Management of Funds for Compensation for Ecological and Environmental Damage in Fujian Province (for trial implementation)". The Shanxi High People's Court, the Provincial Department of Finance, the Provincial Department of Ecology and Environment, and the Shanxi People's Procuratorate jointly issued the "Measures for the Management of Funds for Compensation for Ecological and Environmental Damage". Hunan Province too has issued the "Measures for the Management of Funds for Compensation for Ecological and Environmental Damage(for trial implementation)". At present, the financial departments of all cities and prefectures in Hunan Province have set up earmarked fund accounts for ecological damage compensation. In the civil public interest litigation of Friends of Nature v. Hyundai Automobile on Air pollution, which was settled by the No. 4 Intermediate People's Court of Beijing, an innovative way of fund management-the public trust mechanism was introduced. In total, a trust fund of 1.2 million yuan was delivered by Hyundai Motor to Chang'an International Trust Co., Ltd. to fulfill the environmental protection obligations stipulated in the mediation agreement.

Improving the System for Expert Assistance. In addressing difficulties and the costs of environmental damage assessment, local courts have come up with new working mechanisms and respected the role of experts, including setting up an environmental expert pool or expert advisory committee, from which experts are selected to provide technical advice to judges. During trial, a system of expert assistance has been introduced, where experts can join the hearing as people's assessors. Some courts also explored the way of combining commissioned environmental damage assessment and expert assistant, so as to effectively break down the technical barriers of environmental damage assessment. The people's courts of Guiyang in Guizhou, Kunming in Yunnan, Xuzhou in Jiangsu, and other places explored trial without forensics of environmental damage assessment-instead, they used expert opinions and other considerations as a reference to determine the appropriate cost or way of ecological restoration. Such a method effectively reduced the cost burden of environmental litigation. Guiyang Court also experimented with involving technical experts in the whole case-handling process from case-filing to enforcement.

Development of Free Platforms for Public Announcement. The Supreme People's Court has set up a "Public Interest Litigation Bulletin" column on the People's Courts Announcement website, releasing announcements for the acceptance, mediation (settlement) and other relevant matters of civil environmental public interest litigation cases and environmental damage compensation cases in courts all over the country. The platform has gradually become an important window for people from all walks of life and the general public to access to case information, participate in environmental governance, and supervise the work of the courts.

III. Practicing Green Development to Support the Overall Work of the Party and the Country in the New Era

1. Contributing to the "Critical Battel of Pollution Prevention and Control"

Support the Blue Sky Protection Campaign. Efforts have been made to improve trials of air pollution cases in key air quality control areas including the Beijing-Tianjin-Hebei Region and the surrounding areas, the Fenhe and Weihe Plains and others. In February 2019, the Supreme People's Court, the Supreme People's Procuratorate, the Ministry of Public Security, the Ministry of Justice and the Ministry of Ecology and Environment jointly issued the "Summary of the Seminar on Handling Criminal Cases of Environmental Pollution" to step up the punishment for environmental crimes concerning air pollution. It states that during the early warning period of heavily polluted weather, any excessive emission of SO_2 and NO_X in violation of state regulations despite previous administrative penalties or other serious circumstances shall be investigated for criminal liability in accordance with the law. In view of the diffusive nature of air pollution and the difficulties in air pollution restoration, much attention has been given to the role of administrative litigation and administrative public interest litigation by prosecutors to prevent the pollution at the source. Administrative punishments including continuous daily penalties by competent environmental authorities were encouraged. So were the administrative coercive measures such as sealing up and withholding facilities and equipment that cause the illegal discharge of atmospheric pollutants. Such measures can help eliminate and control environmental pollution at an early stage. At the same time, in handling civil and commercial cases related to air pollution, the courts respect the role of market tools to ensure the healthy development of the air pollution control service industry, and provide an enabling environment for the investment, construction and operation of pollution control facilities.

Contribute to the clear Water protection Campaign. For this end, we developed the system of centralized adjudication for cross-jurisdiction cases and judicial cooperation areas so as to improve the trial of water pollution disputes related to key river-basins such as the Yangtze River, the Yellow River and the Grand Canal. Moreover, in accordance with the law, we have made sure that proportionate punishments for crimes of serious water pollution caused by illegal discharge of prohibited pollutants such as oil, acid-alkali liquids, highly toxic waste liquids and radioactive solid wastes, as well as excessive discharge of waste water, were imposed. In handling administrative cases in this regard, we have seen cases related to the shut down or relocation and upgrade decision issued for companies in water-polluting industries such as the paper industry, the printing and dyeing industry, and the chemical industry. There were also challenges against the requirements for environmental tax and fees. In all circumstances, the court followed the principle to push the polluting facilities to reach the environmental standards or to be decommissioned in accordance with the law. As for cases concerning discharge without permit, as well as other acts of law evasion such as discharge of pollutants through hidden pipes, seepage wells, pits, fissures, karst caves and pouring or tampering, falsifying monitoring data, etc., the courts have explored to apply judgments with punitive compensation. By doing so, companies will be deterred to actively take on their environmental responsibility and comply with environmental protection laws and regulations. Eventually, companies will shift to green production and operation.

Backing the Pollution-free soil Campaign. Environmental crimes of soil and groundwater pollution caused by illegal transfer, dump, use and disposal of hazardous waste and solid waste were severely punished. All links involved in the chain, from the agent person, to the persons who receive the waste, transport the waste and dispose of the waste were held liable accordingly. Probation and exemption from criminal punishment have been applied strictly to give full play to monetary penalties as a tool for punishment and for compensation. The costs of law violations and crimes have increased. Administrative cases caused by the demolition of companies in polluting industries such as the non-ferrous metal smelting, oil processing, coking and tannery, as well as the disposal of industrial waste and the recovery, storage and transportation of waste agricultural films have been handled, following the principle to prevent soil pollution at the source. As for civil and commercial cases related to the prevention and control of soil pollution, in light of the features of soil pollution - complex historical causes, long-term remediation and high costs, the courts have explored and developed rules to determine the scope of subjects of liability, the causality, and the standards for remediation. By enhancing the tools for holding polluters of soil pollution liable, the courts have contributed to safeguarding food safety and sustainable agricultural development, and supported the construction of beautiful rural areas.

2. Promoting Environmental Protection in Key River-basins and Regions

Enhancing Judicial Protection for Key River basins. Development of New Protection Principles. Through meetings and guiding documents, the

Supreme People's Court instructed people's courts at all levels to strengthen the judicial protection of the water environment while respecting the integrity of the ecosystem and the river basin system. At the same time, it is necessary for the courts to adopt tailored measures based on the features of different functional zones and ecological redlined areas, seeking to achieve environmental, economic, and social benefits. Courts at all levels were actively involved in building a modern environmental governance system featuring party leadership, efficient government management, coordinated regional cooperation, public participation, and effective judicial protection. Further efforts have been made to improve judicial cooperation in environment and resource cases. Cross-provincial judicial cooperation areas have been established. Improvement in Judicial Cooperation along the Yangtze River Economic Belt. In September 2019, the Supreme people's Court held a symposium on the Status Quo and Development of Judicial Protection for Biodiversity in the Yangtze River Economic Belt in Xining, Qinghai, with the aim to guide the 11 + 1 provincial and municipal high people's courts involved in the Yangtze River Economic Belt Region to continue to implement the framework agreement signed in 2018 and further consolidate the achievements of environmental judicial cooperation in the Yangtze River Economic Belt. By far, through cooperation and development of coordination mechanisms, judicial cooperation along the whole Yangtze River basin and in key areas has initially taken shape. For example, in July 2019, the high people's courts of Hunan and Hubei provinces signed the Framework Agreement on Cooperation in Environment and Resource Adjudication in the Dongting Lake Area to provide judicial protection for the ecosystem of

Dongting Lake. In November, four high people's courts in Shanghai, Jiangsu, Zhejiang and Anhui provinces signed the Framework Agreement on Judicial Cooperation in Environment and Resource Adjudication among People's Courts in the Yangtze River Delta Region, laying the foundation for the establishment of a cooperation mechanism for the integrated judicial protection for the environment of the Yangtze River Delta region. In December, instructed by the Sichuan High People's Court, seven intermediate people's courts within the jurisdiction in Deyang, Chengdu, Ziyang, Meishan, Neijiang, Zigong and Luzhou signed the Framework Agreement on Cooperation in Trials of Environment and Resource Cases among the Intermediate People's Courts of the Seven Cities in the Tuojiang River Basin to jointly provide judicial safeguard to the YREB and the Tuojiang River Basin. Besides regional cooperation, inter-departmental coordination mechanisms have been established. Take the example in Hubei. The Hubei High People's Court, the Yangtze River Water Conservancy Commission, the Yangtze River Navigation Administration, and the Changhang Public Security Bureau jointly signed the Opinions on Strengthening Coordination between Administrative and Judicial Authorities to Jointly Promote the protection of the Ecology and the Environment of the Yangtze River. Many courts of provinces and cities along the Yangtze River have also established consultation and coordination mechanisms with public security organs, procuratorial organs, environmental authorities, natural resources departments and others, to enhance mechanisms for law enforcement coordination, information sharing, joint meetings, among others. Building the Mechanism for Judicial Cooperation in the Yellow River

Basin In order to implement the guiding principles proposed by General Secretary Xi Jinping in his speech at the Symposium on Ecological Protection and High-quality Development in the Yellow River Basin, the Supreme People's Court organized a field trip with nine high people's courts in the Yellow River Basin in Zhengzhou, Henan Province, in December 2019 to review and summarize the achievements of judicial protection for the Yellow River Basin and to make arrangements for establishing judicial cooperation mechanism for the environmental protection in the Yellow River Basin. The High People's Court of Henan Province drafted the Rules for Centralized Jurisdiction over Environmental Protection cases in the Henan Section of the Yellow River Basin (for trial implementation). The Gansu High People's Court issued the Opinions on Providing High-quality Judicial Services and Support for the Ecological Protection of the Yellow River Basin (Gansu Section), and the Shandong High People's Court issued the Opinions on Strengthening "Four Increases and Four Reductions" in Improving Judicial Safeguards for Ecological and Environmental Protection to support the transformation and upgrading of the industrial structure along the Yellow River Basin.

Enhancing Judicial Protection for Environmental Protection in Key Areas. Beijing-Tianjin-Hebei Region. In implementing the key policy decision of the CPC Central Committee with Comrade Xi Jinping at its core on the establishment of Hebei Xiongan New Area and Pursuing Coordinated Development in Beijing-Tianjin-Hebei Region, in September 2019, the Supreme people's Court issued the Opinions on Providing Judicial Services

and Safeguards for the Planning and Construction of Hebei Xiongan New Area. The document clearly proposed the establishment of a centralized jurisdiction system for environment and resource cases in Xiongan New Area and its surrounding areas and Baiyangdian River Basin. At the same time, the document called for improvement in a market-based judicial protection mechanism for environmental protection, to support the building of a market-oriented green technology innovation system, and to encourage the forming of a pricing system for environmental elements in the region in line with the functional position and the development status of the Xiongan New Area. The courts also explored ways of ecological compensation and provided judicial support to the relocation program for the environmental improvement in Baiyangdian River Basin. The Grand Canal Cultural Belt. Following the guiding principle of General Secretary Xi Jinping on the construction of the Grand Canal Cultural Belt, especially the "protection, inheritance, and utilization" of the Grand Canal, the Supreme People's Court held a symposium on Environmental Judicial Protection in the Grand Canal Region attended by eight high people's courts along the Grand Canal in Zaozhuang, Shandong Province in November 2019. The outcome of the symposium is to develop a "seven-in-one" mechanism for judicial protection, covering the following areas: the establishment of a standardized system for coordination within the court system, improvement of the mechanism for external cooperation, an online sharing platform, unification of trial rules, compilation of typical, regular release of white papers, and enhancing international exchanges and visibility. Guangdong-Hong Kong-Macao Greater Bay Area. To serve and support the implementation of the national strategy for

Guangdong-Hong Kong-Macau Greater Bay Area and building of the Shenzhen demonstration pilot zone for socialism with Chinese characteristics, in December 2019, the Supreme People's Court responded to the request from the Guangdong High People's Court on developing centralized jurisdiction over environmental public interest litigation and environment and resource cases within the region, supporting Guangdong to explore a tailored regional judicial model in line with the region's environmental features and localities. Hainan Free Trade Port. The Supreme People's Court actively implemented the Plan for the Division of Key Tasks in Comprehensively Promoting Rule of Law in Hainan to Support Its Comprehensive Deepening of Reform and Opening up and supported the Hainan High People's Court in carrying out the pilot program for centralized jurisdiction over environment and resource cases in the region. Hainan High People's Court, Hainan Provincial People's Procuratorate and Hainan Maritime Police Bureau jointly issued the Notice on Issues Related to the Handling of Maritime Cases, providing detailed provisions on the jurisdiction, investigation, prosecution, and trial of maritime environment and resource cases, among others. Protected Areas Mostly Composed of National Parks. Following the Guiding Opinions of the General Office of the CPC Central Committee and the General Office of the State Council on the Establishment of a Protected Areas Mostly Composed of National Parks, in March 2019, the Supreme People's Court visited the Qilian Mountain National Park in Gansu Province. In June, the Court participated in the thematic forum on "Research on Guarantee of Rule of Law for National Parks" held by Hainan University, and studied and discussed opinions on judicial protection of national parks. The Court also took measures to address historical issues in land planning that involves grain for green (restoring farmlands to forests, grasslands, lakes and wetlands), and handled compensation disputes that involves environmental permit and decommission of prospecting and mining projects, hydropower development, and industrial construction projects. The approach is science-based and seeks to balance the rights and the obligations of all parties-the Court tried to develop a mechanism that makes sure the polluters pay and those who protect the environment should be compensated accordingly.

3. Supporting High-quality Economic Development

Improving Business Environment. The Court has played its role in adjudicating for environment and resource cases to create a law-based, stable, fair, transparent and green business environment. Following the principle of polluters pay, we sentenced severe punishments for acts of environmental and ecological damage caused by malicious discharge of pollutants and data falsification. By doing so, we aimed to increase the environmental law-violation costs for companies, hence forcing them to transform and upgrade their environmental equipment and green production technology, contributing to the smooth progress of supply-side reform. We also support competent administrative departments in law enforcement in accordance with the law. The Court protects the obligee's standing as the subject of litigation when administrative organs fail to perform their statutory duties of investigation and punishment, supports the green development of compliant companies, and prevent the occurrence of the "bad money drives out good" phenomenon. We believe in equal positions for companies competing in the market and guide all kinds of capital to participate in the investment, construction and operation of environmental governance. In regulating the market playfield, we made efforts to prevent malicious low prices from winning bids, contributing to an open, transparent, standardized and orderly market requested by modern environmental governance system. One successful attempt by the People's Court of Qingzhen City, Guizhou Province supports the local government in starting the "Green Integrity Enterprise Promotion Association" to encourage companies to take on their responsibilities in environmental governance proactively.

Promoting Green Development. Through trials of cases, we have supported the development of emerging industries, promoted the intelligent and clean transformation of traditional industries, urged major pollutant discharge companies to disclose environmental information in accordance with the law, improved the corporate social responsibility mechanism, and implemented the extended producer responsibility system. The goal was to help develop a green industrial structure that is high-tech, less resource-intensive, and less polluting. We paid close attention to new issues and challenges emerged in the field of development and utilization of natural resources, as well as in other new sectors such as the sharing economy, green buildings, new energy industry, new business types and etc. Through trial of environment and resource cases, the court contributed to promoting a green mode of production and way of life. We have provided judicial safeguards for energy-saving services such as contracted energy management and water-saving management, and third-party contracts for the treatment of environmental

pollution. By constructing a mature and standardized market for contracted energy management and environmental treatment industries, the Court contributes to the endeavor of energy and resource saving, and pollution emission reduction.

Advancing Coordinated Economic Growth and Environmental Protection. The Court followed the principle of "clear waters and green mountains are invaluable assets", and advanced coordinated high-quality economic growth and high standard of environmental protection. In doing so, the Court adhered to the principle of "protection first", and strengthens the application of preventive justice - it seeks to take timely action to save the environment from damage and prevent the occurrence and expansion of environmental damage. The courts also took the ecosystem (mountains, rivers, forests, lakes and grasslands) as a whole and adopts integrated measures. We have put in place a damage remedy system with focus on ecological restoration and made full use of criminal, civil and administrative liabilities to hold wrongdoers accountable, ensuring ecological and environmental restoration to the largest extent. In hearing cases and enforcement, we adopted classified measures based on the national and provincial land and space functional planning, taking full considerations of the different features of different functional zones. For environment and resource disputes in development areas, especially in the key development areas, while protecting the legitimate rights of the victims and the environment, we have explored innovative ways of adjudication and enforcement, giving full considerations to the need of economic growth within the boundary of environmental capacities of the region. While for resource cases in areas where development is restricted and prohibited, especially in key ecological functional areas, ecologically sensitive areas and fragile areas, we stand by the environment and natural resources using the strictest environmental laws and the watertight legal regime as a tool, taking full considerations of the upper limits for resource consumption, the limit of environmental capacity, and the redlines for ecological conservation. In the aforementioned Registration case of Hulong Village v. Hunchun Forestry Bureau of Jilin Province, Hunchun Animal Husbandry Bureau heard by the People's Court of Huichun City, Jilin Province, although Hulong Village had been granted the permit for grassland operation, its business site for animal husbandry fell within the scope of a nature reserve. Therefore, its permit had to be revoked in accordance with the law. The case demonstrates the power of judicial protection for nature reserves.

IV. Modernization of Environmental Adjudication System and Capacities through Institutional Innovation

1. Building of Specialized Adjudication Organs

Established in Most High Courts. Of the 31 high people's courts across the country, 26 have set up environment and resource divisions. Among them, with the exception of Beijing, Shanghai and Hunan, which shares the function with other relevant divisions, the other 23 are all specialized organs of adjudication for environment and resource cases. The rest of the high people's courts that have not set up specialized divisions have also designated

specialized collegial panels to provide guidance for hearing environmental cases. In particular, in Jiangsu, Fujian, Guizhou, Hainan, and Gansu provinces, specialized system of adjudication for environment and resource cases have been established across the three-level courts within the province. Established as Needed in Intermediate and Primary Courts. In establishing specialized organs of adjudication for environment and resource cases such as environment and resource divisions, collegial panels and circuit courts in intermediate and primary people's courts, the Supreme People's Court provided guidance to high people's courts to coordinate the actual needs within their jurisdictions and the requirements for internal restructuring. The principle is to establish such specialized organs of adjudication in intermediate and primary courts with large caseloads, strong judicial capacities, and those with the mandate of centralized jurisdiction over cross-regional environmental cases. At the same time, we actively explored ways for primary courts to accept environmental cases—including establishing specialized environmental tribunals, adding the sign of environmental tribunal to the people's tribunal and assign a specialized team within the tribural to hear environmental cases. For example, JiLin High people's Court has set up an eco-tourism tribunal in Chagan Lake. Establishment of Environment and Resource Tribunals. In January and May 2019, the Supreme People's Court successively approved the establishment of Nanjing Environment and Resource Tribunal and Lanzhou Environment and Resource Tribunal in Nanjing Intermediate people's Court and Gansu Mining area People's Court respectively, exercising cross-regional jurisdiction over ecological and environmental cases, as well as some natural resource cases. The Supreme

People's Court also visited the two environmental tribunals on site to study and review their experience for reference in setting standards and providing guidance for the establishment of other environment and resource tribunals in key areas and river basins based on local environmental conditions and features.

2. Progress in Specialized and Converged Adjudication of Environment and Resource cases

Courts across the country actively explored ways to promote converged adjudication of civil, administrative and criminal environment and resource cases, ordering wrongdoers to assume criminal, civil and administrative liabilities. "Two-in-one" Mode. The Environment and Resource Division of the Supreme People's Court adopts the"two-in-one"(civil and administrative) converged adjudication mode, i. e., on top of civil environmental cases, adjudication of administrative cases involving environment and resources against competent ecology and environmental departments, natural resources departments and forestry and grassland administrations have been adjusted to fall under its mandate. At local level, High People's Courts of Guangxi, Henan and Zhejiang also adopted the "two-in-one"(civil and adminstrative) converged adjudication mode, "Three-in-one" Mode. By far, 19 High People's Court across the country adopts the "three-in-one" converged adjudication mode (all types of civil, administrative and criminal environmental cases are heard by their environmental divisions) , including the High Courts of Fujian, Jiangsu, and Chongqing. "Four-in-one" Mode.

Several courts have also explored the feasibility of "Four-in-one" Mode, i. e., on top of hearing civil, administrative, and criminal cases, the mandate of the environmental divisions in these courts also include enforcement. Such courts include Yunnan High People's Court, Intermediate People's Court of Huzhou City, Zhejiang Province, and the People's Court of Qingzhen City, Guizhou Province. Enhancing Coordinated Adjudication. Based on the local needs for environmental protection and resource utilization, as well as the types, number, and features of environment and resource cases within the jurisdiction, the scope of duties of the specialized organs of adjudication for environment and resource cases have been properly defined. Courts across the country have made sure that cases closely related to environmental protection and require specialized adjudication be heard by their team of environmental judges. The specialized team shall also play their role in research, coordination and providing guidance for the handling of environmental cases. As environment and resource divisions, we have also explored ways of coordination and cooperation with other criminal, civil, administrative divisions and the departments of case filing and enforcement - while keeping the different competence, there should be close coordination and cooperation in handling relevant cases. We also looked to develop the mechanism for coordination in enforcement between centralized jurisdiction courts with non-centralized jurisdiction courts, ensuring effective cooperation between the involved courts.

3. Development of Centralized Jurisdiction

Centralization of Jurisdiction based on Ecosystem/Ecological Function Zones. For example, in Jiangsu province, it implements the "9 + 1" model—"9" refers to the nine environment and resource tribunals in relevant grassroot-primary people's courts based on ecological functional area planned by Jiangsu provincial government. These tribunals hear environmental cases beyond the limits of administrative rejions. The "1" refers to the Nanjing Environment and Resource Court established in the Intermediate People's Court of Nanjing City, which exercises centralized jurisdiction over all environmental cases that arrive at intermediate people's courts in Jiangsu Province, and the appeals from the 9 ecological functional area-based tribunals. By far, Jiangsu has developed a comprehensive system for centralized jurisdiction where the Environment and Resources Division of High Court provides guidance, the Nanjing Environment and Resource Court is the key actor, and the 9 ecological functional area-based tribunals take actions at basic-level. While in Gansu, in September 2017, Gansu Province restructured its Mining People's Court into an intermediate-level people's court specialized in environment and resources adjudication, exercising centralized jurisdiction over all environmental cases within Gansu. At the same time, 14 primary courts within the provinces established specialized collegial panels for environment and resources cases. In November 2019, Lanzhou Environment and Resources Tribunal was officially established to hear all the first instance cases of environment and resources public interest litigation and eco-environmental damage compensation requests in the province. Meanwhile, the settings and the jurisdiction of the forest court was adjusted—in particular, the Qilian Mountain Forest Court now has centralized jurisdiction over cases in five nature reserves in Qilian Mountain of Gansu Province, covering all administrative regions in key forest areas and national nature reserves in the province. As a result, Gansu has formed a centralized jurisdiction system for environment and resources cases, where the Environment and Resources Division at the Gansu High People's Court is the "leading point", the Gansu Forest Intermediate People's Court and Primary People's Courts of Forest rules over the "line" of cases in nature reserves, and the Gansu Mining People's Court and the specialized collegial panels of the primary people's courts are the basic-level for environmental cases in the province. In Hainan, the province has been divided into four regions, for each a court for centralized jurisdiction over environment and resources cases in the region is designated. Combination of Regional Jurisdiction and Centralized Jurisdiction Based on Key River Basins. In Jiangxi, on top of a basic three-level adjudication system for environment and resources cases, the province explored the establishment of a regional jurisdiction system based on key river basins. Eleven environment and resources tribunals have been set up in the "five rivers, one stream and one lake" basins and certain key areas for centralized adjudication of related environmental cases, providing integrated judicial protection for these ecosystems. In Hunan, besides the Xiangjiang River, Dongting Lake and Dongjiang Lake Environment and Resources Tribunals, another four environment and resources tribunals with centralized jurisdiction over Zishui

River, Yuanshui River, Lishui River and Xiangzhong River were established. Altogether, these seven cross-jurisdiction tribunals cover all the first instances of environment and resources cases related to water pollution, biodiversity damage and soil pollution. Centralized Jurisdiction Based on Prefecture-level Cities. In Zhejiang, the Court of South-Taihu-Lake New District of Huzhou City exercises centralized jurisdiction over all first instance environment and resources cases heard by primary courts in Huzhou City. Similarly in Bengbu City of Anhui Province, and in Puyang City of Henan Province, one to two primary courts within the city are authorized the jurisdiction over all first instance environment and resources cases within the city. Centralized Jurisdiction for Certain Types of Cases. High People's Courts of Hubei, Guangdong, Hebei, Qinghai and the Xinjiang Production and Construction Corps Branch of the High People's Court of Xinjiang Uygur Autonomous Region have designated certain intermediate people's courts within their administrative regions to exercise centralized jurisdiction over civil environmental public interest litigation cases. In Tianjin, The High People's Court authorizes an intermediate court within its jurisdiction to hear all ecological and environmental damage compensation cases. The Yunnan High People's Court instructed the Kunming Intermediate People's Court to assign key environment and resources cases within Kunming's jurisdiction to the People's Courts of Panlong, Anning and Xundian for centralized jurisdiction. Centralized Jurisdiction for Cross-Provincial Cases. Since October 26, 2017, the No. 4 Intermediate People's Court of Beijing has accepted appeals of administrative environmental cases from the Tianjin Railway Transport Court, which is a milestone attempt in China in the reform of centralized jurisdiction over cross-provincial environment and resource cases.

4. Development of Mechanism for Coordination and Cooperation

Standardization of Rules for Evidence. In 2019, the Supreme People's Court, the Supreme People's Procuratorate, the Ministry of Public Security, the Ministry of Justice and the Ministry of Ecology and Environment jointly issued "the Summary of the Seminar on Several Issues Related to Handling of Criminal Cases of Environmental Pollution". The document clearly states that the monitoring data collected by the competent environmental protection departments and their subordinate monitoring agencies during administrative law enforcement can be used as evidence in criminal proceedings. In the "Provisions on Hearing Cases of Compensation for Ecological and Environmental Damage (for trial implementation)" issued by the Supreme People's Court also stipulates that the investigation reports, inspection reports, testing reports, evaluation reports and monitoring data formed in administrative law enforcement by the competent environmental authorities or their commissioned agencies can be used as basis for confirming facts of the case if they have been cross-examined by the parties and meet the standard of evidence. In other words, the document clearly defines the effect of evidence for materials collected in administrative law enforcement in eco-environmental damage compensation cases. Improvement in Forensics. In view of the difficulty and high cost in forensics of environment and resources cases, the Supreme People's Court strengthened its communication and coordination with the Ministry of Ecology and Environment and the Ministry of Justice to put in place a science-based, fair and neutral mechanism for environmental forensics, and ensure the professionalism and objectivity of forensics and appraisal agencies. The Court also provided suggestions for revisions in the Professional Classification of Forensics in Environmental Damage Assessment formulated by the Ministry of Justice and the Ministry of Ecology and Environment, serving as the basis for standardizing forensics in environmental damage assessment. At local level, courts across the country have also taken active steps to promote the mechanism for environmental forensics and environmental damage assessment. For example, in 2019, the Chongqing High People's Court, together with the Municipal Bureau of Justice and the Municipal Bureau of Ecology and Environment, formulated the "Measures for the Ecological and Environmental Damage Compensation Identification and Assessment in Chongqing" to improve the environmental forensics in Chongqing and standardize the approach in environmental and ecological damage assessment. In Tianjin, the Tianjin High People's Court, the Municipal Bureau of Ecology and Environment and other 13 departments jointly signed the "Measures for the Identification and Assessment of Ecological and Environmental Damage (for trial implementation)", defining the rules for environmental damage assessment. Mechanism for External Cooperation. Courts across the country have been actively engaged in developing various forms of coordination and cooperation with other relevant authorities. The High People's Courts of Zhejiang, Hubei, Guizhou, Gansu and Ningxia, the Intermediate People's Court of Qujing City of Yunnan Province and the People's Court of Qingpu District of Shanghai, together with the local People's Procuratorates, public security organs and administrative law enforcement departments have successively issued opinions on the coordination and cooperation between administrative law enforcement and judicial actions in environmental cases. The High People's Courts of Liaoning, Fujian, and Hubei have issued relevant coordination mechanisms or management measures with the people's procuratorates and administrative law enforcement organs for public interest litigation and eco-environmental damage compensation litigation; Hainan and Ningxia High People's courts have respectively co-signed the guiding opinions for cooperation with the local people's procuratorates, public security organs, administrative law enforcement departments in marine cases, illegal and criminal acts of destruction of forest resources, and other related issues. The Fujian High People's Court issued the Opinions on the Secondment of a Judges' Office from the Fujian High People's Court to the Provincial River Chief Office, linking judicial actions with the river chief system. The Intermediate people's Court of Hulunbuir City, Inner Mongolia Autonomous region formulated the Work Plan of Legal Service Workstation of Hulunbuir Intermediate People's Court for Environment and Resources Cases to set up a legal service workstation for river and lake protection in the Enforcement Department of the Hulun Lake National Nature Reserve Administration. In addition, many courts made full use of the tool of judicial advice - they've issued many judicial advice to local government and relevant competent authorities towards issues found during trial and enforcement of environment and resources cases, contributing to a more consistent and law-based framework for administrative law enforcement.

5. Development in Alternative Dispute Resolutions

Promotion of Multiple Governance. While strengthening adjudication of environment and resources cases, we continued to develop the "Fengqiao Experience" in the new era to give full play to the role of non-litigation dispute resolution mechanisms such as administrative mediation, people's mediation, and arbitration, and strengthened the coordination and cooperation of litigation and non-litigation dispute resolution mechanisms. The goal is to provide diversified choices for the settlement of environment and resources disputes and form the synergy for environmental protection. In Shandong, the High People's Court, the Provincial Department of Natural Resources and the Provincial Department of Ecology and Environment jointly issued the "Opinions on the Establishment of a Multiple Governance Mechanism for Environment and Resources Protection". The Guizhou High People's Court and the Provincial Department of Ecology and Environment jointly issued the "Opinions on the Establishment of Five Mechanisms for the Coordination and Cooperation between the People's Courts and the Ecology and Environmental Departments". Initiated by relevant local government departments, the People's Court of Qingzhen City, Guizhou Province and the local government jointly explored the "1 + 5 Qingzhen Model of Environmental Governance" (led by government, companies as key players, public participation, mediation first, improved service, connection between administrative enforcement and judicial action), so as to establish effective coordination and cooperation between environmental judicial practice and administrative law enforcement. Dispute Resolution in Pre-litigation Process.

We valued resolving disputes at local level and at where the disputes took place. In doing so, we need to involve all relevant government departments and the public to participate in environmental governance. For example, in Fujian, when dealing with forest right dispute cases, the Fujian people's court worked together with the forest right mediation agency set up by the people's government so as to give full play to the expertise of the forestry authorities in identifying the four boundaries of forest rights and resolving disputes in mountain forest ownership in pre-litigation. The people's Court of Yubei District of Chongqing and the Municipal Environmental Protection Bureau explored the establishment of a "10 + 1" platform for resolving environmental disputes before litigation to address conflicts at an earlier stage, and was well received. The People's Court of Qingzhen City, Guizhou Province, in cooperation with the local government, set up a People's Mediation Committee for Environmental Protection Disputes, where professional environmental lawyers were invited to get involved in pre-litigation mediation for environmental disputes within the region. In March 2019, the mediation committee successfully resolved a case of dust and noise pollution involving more than 70 households. Judicial Confirmation. We have strengthened the connection between litigation and non-litigation dispute settlement mechanism. In cases where an agreement on compensation for eco-environmental damage is reached through consultation, the parties may apply to the people's court for judicial confirmation. If one party refuses to perform or fails to fully perform the agreement confirmed by the judicial confirmation process, the other party may apply to the people's court for compulsory enforcement. In Fujian, the provincial High People's Court, the provincial

Department of Ecology and Environment, the Department of Natural Resources and the Department of Justice jointly formulated the "Management Measures for Consultation of Compensation for Ecological and Environmental Damage in Fujian Province (for trial implementation)." High People's Courts of Shanxi, Shandong, Qinghai and other provinces issued relevant opinions on handling cases of judicial confirmation that involve ecological and environmental damage compensation agreements to standardize the procedures for judicial confirmation of eco-environmental damage compensation agreements. Mediation in Litigation. In view of the different features of remedies for private interest litigation and public interest litigation, the courts have prioritized the use of mediation tools in private interest litigation, especially in litigation cases with more significant social impacts - from case filing, to trial and enforcement, mediation has been encouraged to effectively enable the resolution of conflicts and disputes in an efficient way. While for public interest litigation cases, the tool of mediation should only be applied where appropriate on the premise of not harming national interests and social and public interests. In mediating public-interest litigation, the process must be open and transparent.

V. Improvement in Judicial Service to Respond to the Diverse Needs from the Public

1. Capacity Building for Judicial Team

Strengthening Ideological and Political work of the Party. Adhering to absolute party leadership, we continued to arm our mind with sound theories to follow the political disciplines and the rules of the party. We followed the guidance of the "the Four consciousness"①, strengthened the "Four Matters of Confidence"②, and achieved the "Two Upholdings"③. To serve and safeguard the overall work of the Party and the Country, we made sure that environmental adjudication would always progress in the right direction. Developing Modern Judicial Concepts. The Supreme People's Court guided the courts at all levels to thoroughly implement Xi Jinping Thought of Ecological Civilization and firmly follow the principle of putting people first. Following the overall goal of winning the Critical Battle for Prevention and Control of Pollution, court at all levels aimed to seek the balance between economic development and environmental protection and safeguard the limit of environmental capacity with the most watertight system and the strictest rule of law. In protecting the environment, we adopted a science-based approach in protecting mountains, rivers, forests, grasslands, and lakes as an integrated ecosystem. By constantly practicing the concept of ecological fairness, prevention first, restoration emphasized, systematic governance, and strict law enforcement, we aspire to realize the vision of a harmonious community between man and nature and provide strong judicial services and

---

① This refers to the need to enhance political integrity, develope a better understanding of the general picture, follow the core leadership of the Central Committee, and act consistently with CPC Central Committee policy.

② This refers to confidence in the path, theory, system and culture of socialism with Chinese characteristics.

③ Namely, upholding General Secretary Xi Jinping's position as the core of the CPC Central Committee and the whole Party, as well as the authority of the CPC Central Committee and its centralized, unified leadership.

safeguards for the development towards ecological civilization in the new era. Capacity Building in Professional Competence. Following the requirement of the reform of the judicial responsibility system and for the specialization of environment and resources adjudication, we continued to strengthen capacity building for judges. The National Training for Adjudication of Environment and Resources Cases was held. Senior judges, experts and scholars from home and abroad were invited to give lectures on key topics in environmental justice for 150 trainees. A case forum was organized for comparative analysis between Chinese and international environmental cases for learning from international theory and judicial practice in handling environment and resources cases. The 2nd National Competition for Excellent Judgment on Environment and Resources Cases was held with 100 outstanding judgment awarded, encouraging judges to further improve the quality of judgment documents. The Supreme Court also supported trainings for local courts by sending more than 20 person-times as lecturers. Jilin, Shanghai, Guangdong, Henan, Hunan, Gansu, Qinghai, Chongqing, Guizhou, Inner Mongolia and other high courts carried out training on the adjudication of environment and resources cases to improve the expertise of the judges. Integrity and work practices Development. Following the "Eight-point Decision on Improving Party and Government Conduct" and its implementation rules, we continued to address the practice of formalism, bureaucratism, hedonism, and extravagance. We have further promoted the building of a clean and honest party, enhanced the awareness of integrity, and tightened the system to guard against formalism and bureaucracy. We have carried out regular discipline-learning sessions and shared corruption cases for warning. We are determined to build a high-quality team of fair and honest environmental judges that is politically firm, professionally first class, and well-diciplined.

2. Theoretical Research

Give Full Play to the Role of the Research Center. The Environment and Resources Judicial Research Center of the Supreme People's Court. should play its role as the core think tank. By far, it has carried out research on urgent issues to be solved in environmental judicial practice and other fundamental, overall and forward-looking theoretical issues, so as to provide theoretical support for the trial of environment and resources cases. The cooperation with the Environment and Resources Law Committee of China Law Society has been strengthened with representatives from the Supreme People's Court attending its annual meeting and delivering a keynote speech. The *Report on the Development of Environmental Justice in China (2018)* was published in cooperation with the Research Center of Environment and Resources Law and Energy Law of Tsinghua University. We also worked with ClientEarth to compile handbooks for judges training, including the "Theoretical Analysis and Guide to the Practice of Ecological and Environmental Damage Compensation Litigation". Building of Judicial Theoretical and Practice Bases. In order to strengthen the research capacity of the bases, four new researchers were recruited for the Judicial Theoretical Research Base of Renmin University in the second half of 2019. We have given full play to the role of three theoretical research bases in of Renmin

University of China, Wuhan University and Tianjin University and 21 judicial practice bases to build a bridge between judicial practice bases and judicial theoretical research bases, contributing to the communication between judicial theory and practice, and the application of the research results into judicial practice. In 2019, the pilot program to connect the judicial theoretical research base and the practice base was launched – The three theoretical bases were paired with 11 practice bases, including the practice base of Tangshan Intermediate People's Court in Hebei, the Hulunbuir Intermediate People's Court in Inner Mongolia, and the Intermediate people's Court in Heilongjiang Forest region. The pairing produced ten research papers on issues such as legislation on the protection of the Yangtze River and the litigation of eco-environmental damage compensation. In August, the Supreme People's Court held a joint meeting to bring theoretical research bases and practice bases together in Nanjing to discuss the practical progress, existing problems, solutions and suggestions for specialization of environment and resources adjudication, bringing together local wisdom and practical experience. Enriching Ways of Cooperation. The Supreme People's Court made full use of the mechanism of exchanging scholars and seconded scholars to carry out research on topics such as types of adjudication rules of environmental tort cases by combining theory and practice. At local level, courts across the country have carried out research independently or jointly with other departments and universities. For example, in Jiangsu, Guangdong, Hainan, Henan, Hunan, Hubei, Chongqing, and Guizhou, the high people's courts have successively completed the research on issues related to criminal environmental cases with incidental civil public interest litigation and the judicial protection of ecology and environment. The High People's Court of Gansu Province and Gansu University of political Science and Law signed an Agreement on "Cooperation to Jointly Build a Theoretical Research and Practice Base of Environmental Justice" to jointly establish a base for environmental adjudication in the province. Active Engagement in Legislation. The Supreme People's Court participated in more than 20 legislative meetings convened by the National People's Congress and other ministries and commissions, and formed more than 20 written reports to provide judicial advice and support for legislative proposals and administrative law enforcement. The Court also actively worked together with the National People's Congress in the legislation and revision of the Civil Code, the Forest Law, the Yangtze River Protection Law, and the Solid Waste Prevention and Control Law. We also engaged in the formulation of over 10 pieces of policy documents, including the "Guidance on Abolishing Geological Restoration Deposit in Mining Sites and the Establishment of a Geological Environmental Restoration Fund" and others led by other ministries.

3. Improving Efficiencies for Public Services

Well-designed Platform for Litigation. The Supreme People's Court instructed people's courts at all levels to actively promote remote, cross-jurisdiction and cross-level handling of litigation related services nationwide, supported by China Mobile WeChat Court platform. By far, intermediate and primary courts across the country have achieved cross-jurisdiction case-filing in all areas, including environment and resources cases-it meets the demands of the diverse and individual judicial needs of the parties, and have addressed the challenge in filing litigation in places outside the domicile of the parties. In Jiangsu, in order to address the inconvenience caused by centralized adjudication for cross-jurisdiction environment and resource cases, the High People's Court of Jiangsu Province stipulates that environment and resources litigation filed by parties resided outside the jurisdiction of the court for centralized-adjudication may go through the procedures for litigation at their local courts and send the materials to the court of centralized jurisdiction for examination and processing through the online filing platform. The Supreme People's Court also advanced the construction of two one-stop platforms for public services - the "one-stop alternative dispute resolution mechanism", and the "one-stop litigation service center" to actively explore online litigation and improve efficiencies in benefiting the public, providing more high-quality environmental judicial services. Development of Circuit Courts. The courts of Jilin, Jiangsu, Zhejiang, Fujian, Jiangxi, Guangxi, Chongqing, Guizhou, Qinghai and other places have set up dispatched tribunals, circuit case handling stations, and have used vehicles and ships for circuit trials. While providing convenience for parties in litigation by allowing case-filing, trial, mediation and sentence delivery on the spot, it also worked as an effective platform for education campaigns on law for the public. In Zhejiang, the High People's Court set up circuit trial stations in key riverbasins and ecological functional areas such as the Qiantang River, the Grand Canal and Qiandao Lake. The Gansu High People's Court set up circuit courts for environment and resources cases in five national nature reserves such as the Qilian Mountains. In Fujian, two-level courts of Ningde City carried out the campaign on "Circuit trial along the coastline". The Chongqing High People's Court issued the "Opinions on Strengthening the Circuit trial of Environment and Resources Cases"; the Hainan High People's Court established the Maritime Circuit Court for Environment and Resources Cases in the Sansha Islands Court; In Guangxi, the High people's Court of the Guangxi Zhuang Autonomous Region supported the courts of Nanning, Hezhou, Guilin, Hechi, Beihai and other cities to carry out circuit trials at tourist attractions. Use of Judicial Aid. In criminal environmental cases, where the conditions for appointing a defender are met, a defender shall be appointed for the defendant in a timely manner. In accordance with the "Providing Judicial Aid for Litigants with Confirmed Financial Difficulties", in cases where an NGO brings a civil environmental public interest lawsuit, it may apply for postponement of the payment of the case acceptance fee in accordance with the law. If the NGO loses the case, the amount of the case acceptance fee shall be deducted given the circumstances. For other necessary costs such as costs for investigation and evidence collection, expert consultation, examination and environmental damage assessment shall be borne by the NGO, ways have been explored to cover these costs from other funds such as the compensation funds for ecological and environmental service function loss born by defendants of other cases where appropriate. For example, in the civil public interest lawsuit on ecological damage brought by the Taizhou People's Procuratorate against Wang Xiaopeng and other 58 people heard by the Nanjing Intermediate people's Court, the court provided legal aid to the defendant in financial difficulties upon application, effectively protected the defendant's litigation rights.

4. Expanding the Scope of Public Participation

Taking Active Steps to Accept Supervision. The Supreme People's Court has always taken the proposals of NPC deputies and CPPCC members seriously - We took the initiative to invite deputies and members to participate in the work of environment and resource trials, and have adopted the rational suggestions put forward by the deputies and members to promote innovation in adjudication of environmental cases. In June 2019, the Supreme People's Court invited 23 NPC deputies, CPPCC members and expert supervisors and consultants to join the inspection fieldtrip on judicial protection of the ecology and environment in the Yangtze River Basin in Chengdu and Ya'an, Sichuan Province. A special symposium on judicial protection of the ecology and environment in the Yangtze River Basin was held for opinions and suggestions from all parties. In addition, representatives of the public have also been invited to attend many other activities of the SPC, such as the press conference on the white paper on environment and resources adjudication, the national judges training on environmental and resource adjudication, the seminar on judicial protection of the ecology and environment in the Yellow River Basin and etc. Relevant representatives were also invited to join the SPC adjudication board to deliberate on the Judicial Interpretation on Compensation for Ecological and Environmental Damage. Through multiple channels, the Court aims to provide more insights and perspectives for the public representatives to understand and supervise the work of the court.

Promoting Judicial Information Disclosure. People's courts at all levels have strictly implemented the open trial system. The courts broadcast live trials of cases at various platforms such as the China Open Trial Website, Wechat account, Weibo and others. For cases with significant impacts within the jurisdiction, NPC representatives, CPPCC members, as well as relevant company and public representatives and students have been invited to attend the courtroom, so as to enhance the openness, transparency and professionalism of the trial. In 2019, the Environment and Resources Division of the Supreme People's Court held three press conferences to issue the White Paper on China's Environment and Resources Adjudication(2017—2018), the 10 typical cases of the year, as well as the Judicial Interpretation on Compensation for Ecological and Environmental Damage and the circular on the fifth anniversary of the establishment of the Environment and Resources Division at the SPC successively. The Wechat official account of "China Environment and Resources Adjudication" was created. From November 2019 to the end of the year, it released 10 issues of e-magazine and published 34 articles and other information. The Court also guided people's courts at all levels to make use of the appropriate timing such as the June 5th World Environment Day to carry out publicity and education campaigns for visibility enhancement. On World Environment Day in 2019, people's courts at all levels held more than 30 press conferences, carried out more than 200 environmental judicial publicity activities in various forms, and issued more than 220 typical cases, effectively expanding the influence of environment and resources trials. Improving Procedural Rules. Civil environmental public interest litigation cases brought by NGOs shall be announced to the public by the people's court in accordance with the law. For the civil public interest litigation brought by the people's procuratorate and the criminal cases with incidental civil public interest litigation proceedings, it must be strictly examined whether the procuratorial organs have fulfilled the public announcement procedure during the pre-litigation process; for those who fail to perform the procedure, the lawsuit has to be put on hold until the procedures are explained and the public announcement is out. All mediation agreements, settlement agreements, negotiation agreements and restoration plans reached by the parties in civil environmental public interest litigation and eco-environmental damage compensation litigation shall be released to the public in a timely manner. In enforcement and implementation, the public shall be invited to supervise. Efforts have been made to maximize the protection of the public's right of information, participation and supervision. Implementing the People's Assessors System. Courts at all levels have followed the principles to involve the public in environmental adjudication. In accordance with the "Law of the People's Republic of China on People's Assessors", in cases involving major social impacts including public interest litigation and ecological and environmental damage compensation, a seven-member collegial panel shall be formed to hear the case. For highly technical environment and resources cases, courts have invited experts in the field as assessors to join the judges' panel, and respect their right to express their opinions and vote independently, enhancing the credibility of the judgment. For example, in the Criminal case with incidental civil public interest proceedings on illegal hunting and killing of precious and endangered wildlife by Zou Bingrong heard by the People's Court of Taining County, Fujian

Province, and in the Ecological Environment Bureau v. Li Yang and Zheng Xuegang on disputes over compensation for ecological and environment damage heard by Tianjin Jizhou District, the involved People's Courts formed a seven-member collegial panel made up of three judges and four people's assessors to hear the cases.

5. Promoting International Cooperation

Continue to Deepen Cooperation. A separate section was set up in the database of the United Nations Environment Programme (UNEP) on environmental justice in China. Judgments of 10 typical environmental cases (English translation) and the "White Paper on Environment and Resources Adjudication in China" (English version) 2016 and 2017 were selected and uploaded to the database in March 2019, with the news published on the official website of the UNEP, providing an important platform for countries around the world to learn China's experience in environmental adjudication and understand China's progress in environmental rule of law. On April 22, 2019, H. E. Mr. ZHOU Qiang, Chief Justice President of the Supreme people's Court of the People's Republic of China, met with Joyce Msuya, Assistant Secretary General of the United Nations and Acting Executive Director of UNEP. Both sides discussed further implementation of the Memorandum of understanding on Cooperation between the Supreme People's Court of the People's Republic of China and the UNEP-a number of cooperation projects such as a joint side event on environmental justice during the COP 15 of the Convention on Biological Diversity. In May 2020, Ms.

Joyce Msuya delivered a speech to the case forum session of the National Judges Training on Environmental and Resource Adjudication. She then visited the Environment and Resources Tribunal of Anji County Court in Zhejiang Province in June to observe a trial. In October, the Supreme People's Court sent representatives to attend the 12th annual consultation meeting between the Ministry of Ecology and Environment of China and the UNEP to provide recommendations for further cooperation in environmental justice. Expanding the Scope of Exchanges. On September 19—20, 2019, the Supreme People's Court, ClientEarth and the Environment and Resources Law Committee of the Chinese Law Society jointly held an international seminar on "Environmental Justice along the Green Silk Road in the New Era" in Beijing. Ms. Elizabeth Murema, Director of the Environmental Law and Convention Division of UNEP, attended the opening ceremony of the seminar and delivered a keynote speech. Judges from the East African Court, Bosnia and Herzegovina, Ukraine, Myanmar, and Thailand attended and addressed the seminar. From the Chinese side, experts and scholars, as well as more than 40 representatives from the Environment and Resources Division of the Supreme people's Court and the courts of Fujian, Henan, Chongqing, Gansu and Guizhou were present. The Seminar was divided into three sessions-the principles and practice of environmental justice along the BRI countries, judicial protection of biodiversity, and judicial response to climate change. In September, representatives from the Supreme People's Court were sent to participate in the Sino-French Environmental and Judicial Exchange Week and delivered a keynote speech, receiving a delegation of more than 20 French environmental law professionals composed of judges, prosecutors, lawyers, notaries and professors. Both sides had in-depth discussions and exchanges on specific legal issues in Chinese and French environment and resources law. In cooperation with ClientEarth, scholars and lawyers from the National University of Singapore Law School, the University of Melbourne Law School, the University of Pennsylvania Law School and the UK Latham & Watkins Law Firm were invited for a lecture on "climate change litigation". Scholars and legal practitioners from UCLA, the University of Maryland Law School, the US Environmental Protection Agency and the Environmental Appeals Board, were invited to give trainings to the national judges training on environment and resources adjudication and the Chongqing environmental judges training at local level organized by the Chongqing High People's Court, for international experience in environmental adjudication and the latest research results in cutting-edge issues, improving the professional competence of Chinese environmental judges. While inviting experts in, we also seized opportunities to visit other countries for exchanges in environmental rule of law. A delegation of judges received a two-week training on Environment, Law and Climate Change at the University of Oxford for learning in environmental law and environmental science. The delegation also visited the UK Environment Agency, ClientEarth London Headquarters, UK Supreme Court and other relevant judicial and legal institutions to expand the international vision of Chinese environmental judges. Participation in Global Governance. Representatives were invited to join in the 1st Substantive Session of the Ad Hoc Open Ended Working Group Towards a Global Pact for the Environment in Nairobi, Kenya, and provided recommendations to make China's voice heard, contributing to a fair, rational, and win-win judicial solution for global environmental protection and sustainable development. Representatives were also invited to attend the 2019 annual meeting of the China Council for International Cooperation on Environment and Development and the 2019 Celebration of the UNEP World Environment Day hosted by China.

Looking to the Future

The wind is strong in the journey of thousands of miles, with important tasks ahead waiting for to set sail again. Through the joint efforts of the people's courts at all levels, remarkable progress has been made in China's adjudication of environment and resources cases in 2019. However, there are still challenges to address: the development of environmental adjudication across the country remains uneven, the building of specialized agencies and institutions for environmental adjudication is to be improved, the problem of inconsistent rules for case adjudication still exists, and the judicial capacity of environmental rule of law needs to be further enhanced. Moving forward, people's courts at all levels will continue to take Xi Jinping Thought on Socialism with Chinese characteristics for a New Era as the guide, follow Xi Jinping Thought on Ecological Civilization, and thoroughly implement the guiding principles of the 19th CPC National Congress and the Second, Third, and Fourth Plenary sessions of the 19th CPC Central Committee. As the court, we shall stay true to our original aspirations, and keep our missions firmly in mind, and carry out the "fine tuning" of the system and institution of environmental adjudication to become as solid as the structure of multiple pillars. We should speed up the modernization of the environmental adjudication system and capacity, earnestly fulfill the duties and tasks of ensuring development towards ecological civilization, promoting high-quality development, and building a beautiful China. By striving to provide effective judicial services for building a moderately prosperous society in all respects and the successful conclusion of the 13th Five-Year Plan, we are dedicated to make new and greater contributions to the realization of the "two centenary" goals and the Chinese Dream of achieving national rejuvenation.

Annex 1

First Instance Environment and Resources Cases Accepted and Concluded by People's Courts at All Levels in 2019

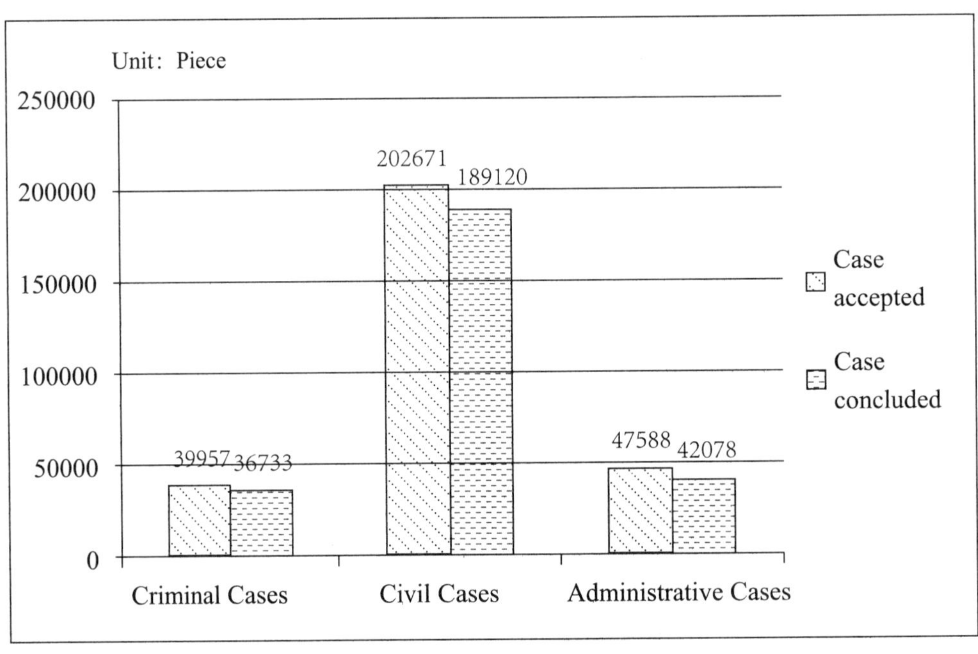

Annex 2

Setup of Adjudicatory Organs for Environment and Resources Cases in China

Table 1. Numbers of Adjudicatory Organs for Environmental and Resource Cases in China (total: 1353)

Courts	Divisions	Collegial Panels (Specialized Teams)	People's Tribunals (Circuit Courts)
Courts of Beijing	2	20	0
Courts of Tianjin	0	5	0
Courts of Hebei	17	47	0
Courts of Shanxi	2	10	0
Inner Mongolia	6	50	3
Liaoning	3	4	0
Courts of Jilin	10	82	1
Heilongjiang	0	6	0
Shanghai	6	13	0
Courts of Jiangsu	19	24	1
Courts of Zhejiang	14	24	0
Courts of Anhui	72	53	3
Courts of Fujian	77	0	0
Courts of Jiangxi	92	26	8
Courts of Shandong	4	39	8

(Continued)

Courts	Divisions	Collegial Panels (Specialized Teams)	People's Triburals (Circuit Courts)
Courts of Henan	11	104	5
Courts of Hubei	6	58	0
Courts of Hunan	8	21	7
Courts of Guangdong	7	32	4
Courts of Guangxi	2	68	2
Courts of Hainan	7	1	7
Courts of Chongqing	11	0	0
Courts of Sichuan	80	0	39
Courts of Guizhou	29	0	0
Courts of Yunnan	12	5	0
Courts of Tibet	0	0	0
Courts of Shaanxi	7	0	0
Courts of Gansu	2	14	1
Courts of Qinghai	3	0	1
Courts of Ningxia	2	29	1
Courts of Xinjiang	1	14	0
Courts of Construction Corps	0	0	0
Military Court	0	0	0
The Supreme People's Court	1	0	0
Total	513	749	91

Table 2. Setup of Environment and Resources Divisions at People's Courts at All Levels

Courts	Primary People's Courts	Intermediate People's Courts	High People's Court	Total
Courts of Beijing	1	0	1	2
Courts of Tianjin	0	0	0	0
Courts of Hebei	9	7	1	16
Courts of Shanxi	0	1	1	2
Courts of Inner Mongolia	1	4	1	6
Courts of Liaoning	1	1	1	3
Courts of Jilin	7	2	1	10
Courts of Heilongjiang	0	0	0	0
Courts of Shanghai	4	1	1	6
Courts of Jiangsu	9	9	1	19
Courts of Zhejiang	10	3	1	14
Courts of Anhui	70	2	0	72
Courts of Fujian	66	10	1	77
Courts of Jiangxi	87	4	1	92
Courts of Shandong	0	3	1	4
Courts of Henan	0	10	1	11
Courts of Hubei	0	5	1	6
Courts of Hunan	3	4	1	8
Courts of Guangdong	2	4	1	7
Courts of Guangxi	1	0	1	2
Courts of Hainan	2	4	1	7

(Continued)

Courts	Primary People's Courts	Intermediate People's Courts	High People's Court	Total
Courts of Chongqing	5	5	1	11
Courts of Sichuan	59	20	1	80
Courts of Guizhou	19	9	1	29
Courts of Yunnan	5	6	1	12
Courts of Tibet	0	0	0	0
Courts of Shaanxi	4	2	1	7
Courts of Gansu	0	1	1	2
Courts of Qinghai	1	1	1	3
Courts of Ningxia	2	0	0	2
Courts of Xinjiang	0	0	1	1
Construction Corps	0	0	0	0
Total	368	118	26	512

Table 3. Setup of Environment and Resoutces Divisions in High People's Court

No.	Court	Name of Division	Converged Adjudication Mode of Environmental and Resources Cases
1	Beijing High People's Court	Environment and Resources Division	Criminal, Civil, and Administrative Cases
2	Hebei High People's Court	Environmental Protection Division	Criminal, Civil, and Administrative Cases

(Continued)

No.	Court	Name of Division	Converged Adjudication Mode of Environ mend and Resources Cases
3	Shanxi High People's Court	Environment and Resources Division	Criminal, Civil and Administrative Cases
4	Inner Mongolia High People's Court	Environment and Resources Division	Criminal, Civil and Administrative Cases
5	Liaoning High People's Court	Environment and Resources Division	Criminal, Civil and Administrative Cases
6	Jilin High People's Court	Environment and Resources Division	Criminal, Civil and Administrative Cases
7	Shanghai High People's Court	Environment and Resources Division	Criminal, Civil and Administrative Cases
8	Jiangsu High People's Court	Environment and Resources Division	Criminal, Civil and Administrative Cases
9	Zhejiang High People's Court	Environment and Resources Division	Civil and Administrative Cases
10	Fujian High People's Court	Ecology and Environment Division	Criminal, Civil and Administrative Cases
11	Jiangxi High People's Court	Environment and Resources Division	Criminal, Civil and Administrative Cases
12	Shandong High People's Court	Environment and Resources Division	Civil Cases
13	Henan High People's Court	Environment and Resources Division	Civil and Administrative Cases
14	Hubei High People's Court	Environment and Resources Division	Criminal, Civil and Administrative Cases
15	Hunan High People's Court	Environment and Resources Division	Civil Cases
16	Guangdong High People's Court	Environment and Resources Division	Civil Cases
17	Guangxi High People's Court	Environment and Resources Division	Civil and Administrative Cases

(Continued)

No.	Court	Name of Division	Converged Adjudication Mode of Environ mend and Resources Cases
18	Hainan High People's Court	Environment and Resources Division	Criminal, Civil and Administrative Cases
19	Chongqing High People's Court	Environment and Resources Division	Criminal, Civil and Administrative Cases
20	Sichuan High People's Court	Environment and Resources Division	Criminal, Civil and Administrative Cases
21	Guizhou High People's Court	Environment and Resources Division	Criminal, Civil and Administrative Cases
22	Yunnan High People's Court	Environmenttal Protection Division	Criminal, Civil, Administrative and Enforcement (civil EPIL) Cases
23	Shaanxi High People's Court	Environment and Resources Division	Criminal, Civil and Administrative
24	Gansu High People's Court	Environment and Resources Protection Division	Criminal, Civil and Administrative
25	Qinghai High People's Court	Environment and Resources Division	Criminal, Civil and Administrative
26	Xinjiang High People's Court	Environment and Resources Division	Criminal, Civil, Administrative

Annex 3

Judicial Interpretations and Normative Documents on Environment and Resources Issues(2019)

	Name of Documents	Doc No.	Issued on	Effective from
Judicial Interpretations	Meeting Summary of the Seminar of the Supreme People's Court, the Supreme People's Procuratorate, Ministry of Public Security, Ministry of Justice and Ministry of Ecology and Environment on Several Issues in Handling Criminal Cases of Environmental Pollutions	Gaojianhui 〔2019〕 No. 3	February 20, 2019	February 20, 2019
	Rules of the Supreme People's Court on Hearing Ecological and Environmental Damage Compensation Cases (for trial implementation)	Fashi 〔2019〕 NO. 8	June 4, 2019	June 5, 2019
	Response from the Supreme People's Court and the Supreme People's Procuratorate, to the Necessity of Pre-litigation Announcement in Criminal Cases with incidental Civil Public Interest Proceedings Filed by Prosecutors	Fashi 〔2019〕 NO. 18	November 25, 2019	December 6, 2019

Annex 4

Catalogue of Typical Enviroment and Resources Cases Issued by the Supreme People's Court

I. Criminal Cases of Environmental Pollution (Jointly Issued by the Supreme People's Procuratorate, the Ministry of Public Security, the Ministry of Justice, and the Ministry of Ecology and Environment. on February 20, 2019)

1. Case of Environmental Pollution against Polshin Precision Screw (Zhejiang) Co. Ltd., and Huang Guanqun et al. (12 people)
2. Case of Environmental Pollution against Shanghai Yinda Metal Product Co. Ltd., and Ying Weida et al. (5 people)
3. Case of Environmental Pollution against Shanghai Yunying Composite Materials Co. Ltd., and Gong Weiguo et al. (3 people)
4. Case of Environmental Pollution against Guizhou Hongtai Chemical Industry Co. Ltd., and Zhang Zhengwen and Zhao Qiang
5. Case Series of Environmental Pollution against Liu Tuyi, Huang Atian, Wei Shibang et al. (17 people)

II. Typical Environmental Cases of Ecology and Environment Protection (March 2, 2019)

1. Case of Environmental Pollution against Dong Chuanqiao et al. (19 people)
2. Case of Smuggling of Precious Animals against Zhuowen
3. Dongguan Shatian County People's Government v. Li Yongming over Solid

Waste Pollution Liability Dispute

4. Han Guochun v. Jilin Oilfield Branch of PetroChina Group over Water Pollution Liability Dispute

5. Changzhou Deke Chemical Co. Ltd., v Jiangsu EPB, Ministry of Environmental Protection (former) and Everbright Changgao Environmental Energy Co. Ltd., over EIA Approvals

6. Yang Guoxian v. Sangzhi County Water Conservancy Bureau over Administrative Agreement and Administrative Compensation

7. People's Government of Jiangsu Province v. Anhui Haide Chemical Technology Co. Ltd., over Ecological Damage Compensation

8. Civil Public Interest Litigation of CBCGDF v. Qinghuangdao Fangyuan Glass Packaging Co. Ltd over Air Pollution Liability

9. Civil Public Interest Litigation of Tongren People's Procuratorate v. Guizhou Yuping Xiangsheng Chemical Industry Co. Ltd., and Guangdong Shaoguan Woxin Trade Co. Ltd., over Soil Pollution Liability

10. Admintirative Public Interest Litigation of People's Procuratorate of Sucheng District, Suqian City of Jiangsu Province V. Shuyang County Agricultural Committee over Failure to Perform the Statuary Duties of Foresry Management

III. Typical Cases Handled by the People's Courts for Guaranteeing the Reform of Ecological and Environmental Damage Compensation System (June 5, 2019)

1. Shandong Ecological and Environmental Bureau v. Shandong Jincheng Heavy Oil Chemical Co. Ltd., and Shandong Hongju New Energy Co. Ltd., over Ecological Damage Compensation

2. Chongqing People's Government and Chongqing Liangjiang Volunteer Development Center v. Chongqing Cangjinge Property Management Co. Ltd.,

and Chongqing Shouxu Environmental Technology Co. Ltd., over Ecological Damage Compensation

3. Judicial Confirmation of the Ecological Compensation Agreement among Guizhou People's Government, Xifengchengcheng Labor Service Co. Ltd., and Guiyang Kailin Fertilizer Co. Ltd.,

4. Judicial Confirmation of the Ecological Compensation Agreement among Shaoxing Municipal Environmental Protection Bureau, Zhejiang Shangfeng Construction Materials Co. Ltd., and the People's Government of Ciwu County, Zhuji City

5. Guiyang Ecological and Environmental Bureau v. Guizhou Liupanshui Shuangyuan Aluminum Co. Ltd, and Ruan Zhenghua and Tianjinfang over ecological damage compensation.